Liederkunde zum Evangelischen Gesangbuch

Im Auftrag der Evangelischen Kirche in Deutschland

gemeinschaftlich mit
Ansgar Franz, Gerhard Hahn, Barbara Lange,
Helmut Lauterwasser, Bernhard Leube und Bernhard Schmidt

herausgegeben von

Martin Evang und Ilsabe Seibt

Ausgabe in Einzelheften

Heft 20

Vandenhoeck & Ruprecht
in Göttingen

Verzeichnis der Mitarbeiterinnen und Mitarbeiter

Fillmann, Dr. Elisabeth, Literaturwissenschaftlerin, Wissenschaftliche Mitarbeiterin am Projekt Gesangbuchbibliographie im Gesangbucharchiv der Universität Mainz: EG 531 * *Hahn, Dr. Gerhard* (s. Heft 1): EG 231 T * *Herbst, Dr. Wolfgang* (s. Heft 15): EG 238, 376 * *Lange, Barbara* (s. Heft 19): EG 502 T * *Lauterwasser, Dr. Helmut* (s. Heft 17): EG 158 M, 159 M, 502 M * *Leube, Bernhard* (s. Heft 17): EG 413 * *Marti, Andreas* (s. Heft 7/8): EG 155, 290 M, 421 * *Martini, Dr. Britta,* Kirchenmusikerin und Literaturwissenschaftlerin, Studienleiterin für kirchenmusikalische Aus- und Fortbildung in der Evangelischen Kirche Berlin-Brandenburg-schlesische Oberlausitz, Berlin: EG 302 * *Meier, Dr. Siegfried*, Pfarrer, Wetzlar: EG 285 * *Monninger, Dorothea* (s. Heft 2): Redaktion * *Schäfer, Dr. Christiane* (s. Heft 14): Hymnologische Nachweise * *Schmidt, Dr. Bernhard* (s. Heft 8): EG 348 * *Seibt, Dr. Ilsabe* (s. Heft 14): EG 158 T, 159 T * *Smets, Dr. des. Anne*, Vikarin der Evangelisch-Lutherischen Kirche in Norddeutschland, Hamburg: EG 492 * *Stalmann, Dr. Joachim* (s. Heft 1): EG 378 * *Stefan, Hans-Jürg* (s. Heft 4): EG 290 T, 301 * *Wissemann-Garbe, Dr. Daniela* (s. Heft 15): Hymnologische Nachweise

Bibliografische Information der Deutschen Nationalbibliothek
Die Deutsche Nationalbibliothek verzeichnet diese Publikation in der Deutschen Nationalbibliografie; detaillierte bibliografische Daten sind im Internet über http://dnb.d-nb.de abrufbar.

ISBN 978-3-525-50343-0

Satz: Satzspiegel, Nörten-Hardenberg
Druck und Bindung: ⊕ Hubert & Co, Göttingen

Gedruckt auf alterungsbeständigem Papier.

155 Herr Jesu Christ, dich zu uns wend

EG 155ö GL2 147ö RG 156ö+ KG 199ö+ CG 344ö+ EM 437ö

Text

Verfasser unbekannt, seit dem späten 17. Jh. wird Wilhelm II., Herzog zu Sachsen-Weimar, genannt **Entstehung** vor 1643, vgl. Kommentar **Quellen** (a) *Lutherisch Hand-Büchlein [...] Formiret und geordnet* (Johann Niedling), Altenburg 1651 (Die in FT II,73 verwendete Ausgabe von 1648 ist heute nicht mehr nachweisbar.) * (b) *CANTIONALE SACRUM, Das ist/ Geistliche Lieder/* [...] Gotha 1651 (DKL 1651[18]) **Überschrift** (a) *Frommer Christen Hertzens= Seufftzerlein umb Gnade und Beystand des Heiligen Geistes/ bey dem Gottesdienst vor den Predigten.* * (b) *Vor der Predigt zu singen.* **Ausgabe** FT II,73 **Strophenbau** A8/4a A8/4a A8/4b A8/4b vgl. Frank 4.58 ‚ambrosianische Hymnenstrophe' **Abweichungen** (a) 1,3 Mit *Lieb* und; 3,3 *Im ewign Heil und selign* Licht; ohne Strophe 4 * (b) 1,3 *HErr* uns regier * GL2: 1,3 mit *Lieb* und * RG: 2,4 *wohl bekannt* **Verbindung TM** in (a) ohne M * (b) wie EG

Melodie

Incipit 1_ 3_53_2 34#5_ **Entstehung** Die Angabe, wonach in einem handschriftlichen Gochsheimer Gesangbuch (Redwitz 1643) als Quelle *Cantionale Germanicum* 1628 genannt sein soll (hierauf beruhen die Herkunftsangaben für diese Melodie in EKG wie EG), lässt sich nicht nachprüfen (HEKG III/1, 454f; Jenny 1980, 59, Anm. 22) **Quellen** (a) *Pensum sacrum, Metro-Rhythmicum, CCLXVII Odis* [...] (Tobias Hauschkonius), Görlitz 1648 (nicht im DKL) * (b) s. o. Text/Quelle (b) **Ausgaben** Z I,624; B IV,343 **Ambitus** G: 9; Z: 5945b **Abweichungen** Q: (a) Taktvorzeichnung alla breve; einen Ton höher; Z. 1 Beginn Halbepause; Z. 2–4 Beginn Viertelpause, erster Ton Viertel; Z. 4 letzter Ton *longa* * (b) vierst. Satz; einen Ton höher; Taktvorzeichnung alla breve; vor jeder Melodiezeile Halbepause; Z. 4 letzter Ton doppelte *longa*; Z. 4 Alt: fünfter Ton *c'* [Druckfehler?] * GL2 nur Melodie * RG: Taktvorzeichnung 3/2, durchgezogene Taktstriche, Z. 2, 5. Ton: im Alt *d'*, im Tenor: *a*, im Bass *d*, Z. 3 Schluss im Alt: *g'f'd'e'*, im Tenor: *c'agg*, im Bass: *efgc* * KG: Taktvorzeichnung 3/2, nur Melodie * EM: Taktvorzeichnung 3/2 **Verbindung MT** in den Q: (a) ohne Text (b) wie EG * *O Gott, du höchster Gnadenhort* (EG 194/ EKG 143) * *Herr, öffne mir die Herzenstür* (EG 197/ EKG 144/ EM 416) * *Nun geh uns auf, du Morgenstern* (EKG 422) * *Der du die Wahrheit selber bist* (RG 211) * *Für alle Menschen beten wir* (RG 293) * *Du, des sich alle Himmel freun* (B IV,343)

Literatur

HEKG (Nr. 126) I/2, 224f; III/1, 454–456; Sb, 203f; HEG II, 350 ** WGL1 V, 85f; IX, 99f; RGL1, 706; ÖLK, Lfg. 2; ThustB 169; ThustL I, 278f ** KLL (1878ff) I, 270; EEKM (1888) I, 575f; Koch ([3]1866–77) VIII, 149–151; Julian ([2]1907) 1281; Nelle ([3]1924) Nr. 25; Schlunk (1951) 152f; Bruppacher (1953) 218 ** PAULSEN, Ingwer: Welche Lieder lernen wir zu den hohen Festen?, Der evangelische Erzieher 5 (**1953**) 34f * MASSA, Willi: Herr Jesus Christ, dich zu uns wend, in: Predigten zum Gotteslob, hg. v. Paul Nordhues und Alois Wagner, Bd. 3 Gesänge zur Eucharistie und Christuslieder, Graz/Wien/Köln **1977**, 106–109 * JENNY, Markus: Die Herkunftsangaben im Kirchengesangbuch, JLH 24 (**1980**) 59, Anm. 22 * SCHNEIDER/VICKTOR **1993**, 100f

Weder Text- noch Melodieautor dieses Liedes sind namentlich bekannt, und auch in der Entstehungsgeschichte bleibt vieles unklar. Text und Melodie sind unabhängig voneinander je in einer Quelle aus dem Jahre 1648 zum ersten Mal greifbar. Eine nicht weiter überprüfbare Nachricht[1] will wissen, dass der Text sich in einem handschriftlichen Gochsheimer Gesangbuch aus Redwitz von 1643 finde und dort die Herkunftsbezeichnung „Cantionale germanicum 1628" trage. Weder dieses Gesangbuch noch ein „Cantionale germanicum" sind erhalten; eine Kircheninschrift im bayerischen Redwitz könnte den dortigen Kantor Georg Schmidt (1621–1672) als Melodieautor vermuten lassen. Die Nennung von Herzog Wilhelm II. von Sachsen-Weimar (1598–1662) als Textautor begegnet erst Ende des 17. Jh.; das macht sie eher unwahrscheinlich, hätte man doch wohl eine solch prominente Autorschaft in einem zeitgenössischen Gesangbuch kaum verschwiegen. Als wahrscheinlich kann gelten, dass die Doxologiestrophe für das Gothaer „Cantionale Sacrum" von 1651 verfasst wurde.

Die Überschriften in den ältesten Quellen machen die liturgische Funktion dieses Liedes deutlich: Zu Beginn des Gottesdienstes oder auch innerhalb des Gottesdienstes vor der Predigt bittet die Gemeinde Christus, bei ihr zu sein. Die Verheißung *wo zwei oder drei versammelt sind in meinem Namen, da bin ich mitten unter ihnen* (Mt 18,20) verwirklicht sich in der Gemeinde, die um diese Gegenwart betet. Biblische Begriffe und Zitate durchziehen dieses Gebet – es nimmt Gott bei seinem Wort. Das Psalmwort *Wende dich zu mir* (Ps 25,16) klingt im Eingang an, ebenso der Aaronitische Segen: *Er hebe sein Angesicht über dich* (4. Mose 6,26). Vor allem aber sind es die Verheißungen des johanneischen Christus, welche uns zu dieser Bitte berechtigen: *Wenn ich aber gehe, will ich ihn zu euch senden* (Joh 16,7) und *Wenn aber jener, der Geist der Wahrheit, kommen wird, wird er euch in alle Wahrheit leiten* (Joh 16,13).

Die Theologie tut sich manchmal etwas schwer, wenn sie über den Heiligen Geist sprechen soll. Gerade dieses Lied zeigt aber, dass es im Grunde ganz einfach sein könnte. Setzen wir für „Heiliger Geist" die „Gegenwart Christi", wird deutlich, dass es bei der Rede vom Heiligen Geist um die Erfahrung und um die Hoffnung geht, dass Christus, dass Gott selber bei uns ist und in uns und unter uns wirkt. Damit schließt sich der Kreis zu dem zuvor zitierten Jesuswort aus dem Matthäusevangelium.

Aus Johannes 16,3 ist das Stichwort *Wahrheit* (1,4) übernommen. Es bekommt im Kontext der altprotestantischen Orthodoxie, der Theologie der nachreformatorischen Generationen, einen eigenen Klang. Bezeichnet *Wahrheit* in der johanneischen Theologie eine Qualifikation der menschlichen Existenz in

[1] Ernst Schmidt, Führer durch das neue Gesangbuch der Evang.-Luth. Kirche in Bayern rechts des Rheins, Erlangen 1936, 264, vgl. HEKG III/1, 454.

der Gemeinschaft mit Gott, hört die Orthodoxie hier mehr das richtige Erkennen und Bekennen, das Formulieren des Glaubens – auch in der Abgrenzung vom Irrglauben. Das hindert natürlich nicht, dass wir heute den Begriff auch wieder anders füllen, nämlich prozesshaft-dynamisch statt feststellend-statisch und damit wohl näher am johanneischen Verständnis.

In Zeile 3 der ersten Strophe bieten die Quellen unterschiedliche Textfassungen: Altenburg 1648 hat *mit Lieb und Gnad er uns regier*, Gotha 1651 stattdessen *mit Hülff und Gnad*. Für die ökumenische Fassung ist *mit Hilf und Gnad* gewählt worden. Groß ist der Unterschied zur Altenburger Fassung nicht; vielleicht ist *Hilf* aber ein etwas dynamischerer Begriff, zielt direkter darauf, dass der Geist bei uns etwas bewirkt.

Die Strophen 2 und 3 benennen nach der auf den ganzen Gottesdienst bezogenen Bitte der ersten Strophe nun die einzelnen gottesdienstlichen Stationen: das Lob gleich zu Beginn der zweiten Strophe, die Predigt im *Verstand*, d. h. im Verstehen des Glaubens (2,3), und das Abendmahl, auf das *Heilig, heilig*, das Sanctus, in Str. 3 anspielt. Der Anfang von Str. 2 zitiert Psalm 51,17: *Herr, tu meine Lippen auf, dass mein Mund deinen Ruhm verkündige.* Dieser Vers wird schon in der „Regula Magistri“ (ca. 500–525) und in der Regel des Benedikt (ca. 530–560) als Eröffnungsruf im Stundengebet verwendet (vgl. Morgengebet, EG Stammausgabe 783.1). Einerseits ist er direkt auf die Situation des Morgenlobs bezogen: Das erste, was nach dem nächtlichen Schweigen aus dem Mund kommt, ist das Lob Gottes. Andererseits ist der Satz auch geistlich zu verstehen. Das Lob ist nicht unsere eigene Leistung, sondern wir verdanken es Gott, dass wir dazu überhaupt fähig sind.[2] Damit entzieht sich das Lied von Anfang an einer falschen Auffassung des bekannten „Wort-Antwort-Schemas“, wie es klassisch von Martin Luther formuliert worden ist: „das unser lieber Herr selbs mit uns rede durch sein heiliges Wort, und wir widerumb mit jm reden durch Gebet und Lobgesang“[3]. Es wäre eine kurzschlüssige Interpretation dieses Prinzips, wenn man Wort und Antwort einfach auf die Predigt einerseits, das Lob andererseits verteilen wollte. Beide Dimensionen sind in allen Elementen des Gottesdienstes enthalten. So steht denn auch in unserem Lied das Lob zuerst: Schon in ihm erfahren wir Gottes Anrede an uns.

Wie das Lob ist auch der *Glaube* ein Geschenk (2,3). Er kommt *aus dem Hören* (Röm 10,17), aus der aufmerksamen Konzentration des ganzen Menschen auf Gott – das nämlich ist gemeint in 2,2: *Andacht* heißt „an etwas denken“, die Gedanken auf etwas richten, und dies nicht nur intellektuell, sondern ganz, mit dem Herzen. *Das Herz* steht für das Zentrum der Person, wo Verstand, Wille und Gefühl in eins kommen. Man täte der altprotestantischen Orthodoxie nämlich Unrecht, wollte man ihr einseitigen Intellektualismus vorwerfen. Sie hat sich ausführlich und sorgfältig Gedanken gemacht über das Zusammenspiel der menschlichen Seelenkräfte. Dabei spielt das Herz als Brücke

[2] Heinrich Rennings, Zum Invitatorium der täglichen Stundenliturgie und seinem Psalm 95 (94), in: Martin Klöckener/ Heinrich Rennings, Lebendiges Stundengebet, Freiburg i. Br. 1989, 243.

[3] WA 49, 588.

zwischen den „oberen“ Kräften (Verstand und Wille) und den „unteren“ (Gefühl, Lebenskraft, Empfindung, Bewegung) eine entscheidende Rolle.[4] Und so ist der *Verstand*, die Ordnung der Gedanken im Nachgang zur Erkenntnis Gottes im Glauben, durchaus mit dem zu vergleichen, was der mittelalterliche Theologe Anselm von Canterbury als „fides quaerens intellectum“ bezeichnet hat, als den „Glauben, der das Verstehen sucht“.

Im Sanctus, im *Heilig, heilig* (3,2) der Abendmahlsliturgie, vereinigt die Gemeinde ihren Gesang mit dem ewigen Lobgesang des Kosmos. Sie tut dies im Vorgriff auf die Vollendung, auf den „himmlischen Gottesdienst“, bei dem wir *singen mit Gottes Heer.* An dieser Stelle bricht die Liturgie den Rahmen von Zeit und Raum zeichenhaft auf: Str. 3 überschreitet mit der Aufnahme des Sanctus die erfahrbare Wirklichkeit und verweist den irdischen auf den himmlischen Gottesdienst, dorthin, wo das Glauben zum *Schauen* wird (3,3; vgl. 2. Kor 5,7).

Am Schluss der dritten Strophe zeigen die Quellen eine kleine Fassungsdifferenz. Altenburg hat in 3,4 *im ewign Heil und selign Liecht*, Gotha dagegen *in ewger Frewd und selgem Licht.* Dem objektiveren und bedeutungsmäßig wohl umfassenderen *Heil* steht das emotionalere und sprachlich vertrautere *Freud* gegenüber, das vielleicht aus diesem Grund und wohl in Fortführung der EKG-Fassung für die ökumenische Version gewählt wurde.

Das Gothaer Cantionale fügt den drei in sich abgerundeten Strophen eine abschließende trinitarische Doxologie hinzu, analog zum Lob des dreieinigen Gottes, das in der katholischen und lutherischen Liturgie das Psalmgebet (z. B. den Introitus zu Beginn der Messliturgie) und auch das „Invitatorium“ (Eröffnungsformel) des Stundengebetes abschließt. In diesem Sinne bildet die Strophe auch in unserem Lied einerseits einen liturgisch vertrauten Abschluss, andererseits kann sie aber auch gehört werden als der vorausgenommene Vollzug des endzeitlichen Lobes von Str. 3.

Der innere Zusammenhang des Liedtextes ist zunächst durch seinen offensichtlichen und durchgehenden Bezug auf den Gottesdienst gegeben. Es kommt ein innertextliches verbindendes Element hinzu, wenn wir uns die Häufigkeit der einzelnen Wörter ansehen. Lassen wir den bestimmten Artikel und das verbindende *und* einmal außer Acht, ist das häufigste Wort das Pronomen *uns* oder *wir* mit sechs Vorkommen (1,1; 1,2; 1,3; 1,4; 2,4; 3,1). Es folgen mit je fünf Stellen *heilig* (1,2; 3,2 doppelt; 4,2; 4,3, d. h. zweimal in der Doxologie) und die Präposition *zu* bzw. *zum* oder *zur* (1,1; 1,2; 1,4; 2,1; 2,2). Dieses kleine Wörtlein schafft auf unauffällige Weise Kohärenz im ersten Teil des Textes und prägt dadurch den Charakter des ganzen Liedes. Es zeigt eine Bewegungsrichtung an, und wir können es unter diesem Gesichtspunkt noch mit den Verben *regieren* (= die Richtung angeben) und *führen* zu einem Wortfeld zusammenschließen. Zu dem in Str. 1 örtlich verwendeten *zu* kommt in Str. 3 das zeitliche *bis* als Entsprechung, und in der Formulierung *von Angesicht* (3,3)

[4] Renatus Hupfeld, Die Anthropologie in der Ethik Johann Gerhards, Berlin 1906, 9–26.

schwingt unausgesprochen die Ergänzung „zu Angesicht". Damit umfasst das Kohäsionselement *zu* unterschwellig auch die dritte Strophe, so dass der ganze Haupttext (ohne die Doxologie) gekennzeichnet ist durch Richtungsbegriffe. Das Lied postuliert und beschreibt Bewegung auf etwas oder jemanden hin: Es soll sich etwas ereignen, etwas bewegen, etwas verändern. Quelle dieser Bewegung ist der Heilige Geist, die Gegenwart Christi in der Gemeinde – darauf weist das sechsmalige *uns/wir.* Die Ziele der Bewegung sind *Wahrheit* (1,4), *Lob* (2,1), *Andacht* (2,2), *Glaube* (2,3), *Verstand* (2,3) und schließlich – diese unmittelbaren Ziele überschreitend – das Einstimmen ins ewige Lob Gottes (3,1.2).

Ein besonders charakteristisches Merkmal der Melodie ist ihr Rhythmus. Im EG ist als Grundschlag die Halbe angegeben, in den neueren Gesangbüchern der deutschsprachigen Schweiz sowohl die Halbe als auch die punktierte Halbe. Letzteres setzt einen Metrumwechsel voraus, der jeweils taktweise vorzunehmen ist und zu einem Abwechseln von 3/2- und 6/4-Takt, dem langsamen und dem schnellen Dreiertakt, führt. Walter Blankenburg[5] interpretiert allerdings das Metrum als durchgehenden 3/2-Takt mit einer Schwerpunktverschiebung jeweils auf dem 3. und 4. Ton der Zeile – so auch im EG –, was eine Art Schweberhythmus erzeugt, vergleichbar mit den Schwerpunktverlagerungen in den Melodien des Genfer Psalters. Gegen diese musikalisch durchaus mögliche Interpretation spricht die Regelmäßigkeit des Wechsels, wie sie auch in anderen Melodien des 16. und frühen 17. Jh. begegnet – am deutlichsten bei *Nun lasst uns Gott, dem Herren* (EG 320). Dies lässt auf einen eigenen Melodietypus schließen, der auf zeitgenössische Tanzformen Bezug nimmt. Zu denken ist hier vor allem an die Galliarda, einen schnellen Tanz im Dreiertakt, der oft mit wechselnden oder verschränkten Rhythmen auftritt. Einen völlig regelmäßigen Wechsel zwischen schnellem und langsamem Dreiertakt zeigt z. B. ein „Galliardo" von Peter Philips im „Fitzwilliam Virginal Book" aus dem Anfang des 17. Jh. (Nr. LXXXVII).

Die Überlagerung von schnellem und langsamem Dreiertakt wirkt bis in die Klaviersuiten des 18. Jh. nach; beispielsweise ist die Courante von Bachs Partita D-Dur (BWV 828) mit 3/2 bezeichnet, beginnt aber offensichtlich mit 6/4-Takt und mündet erst später in den bezeichneten 3/2-Takt ein.

In der Originalfassung unserer Liedmelodie war nur der Auftakt zur ersten Zeile lang, d. h. eine Halbe; bei den Zeilenübergängen stand auf der dritten Taktzeit eine Viertelpause, die neue Zeile begann mit einer Viertelnote als Auftakt. Das ändert nichts an der beschriebenen rhythmischen Grundordnung, lässt aber den 6/4-Takt mit seinem Wechsel von kurzen und langen Noten in den 3/2-Takt zurückwirken.

Ebenso zeitgenössisch – im Sinne des frühen 17. Jh. – wie in der rhythmischen Struktur ist die Melodie in ihrer Tonordnung. Neuzeitliches Tonalitätsempfinden prägt sie durchgehend. Die Dreiklangsmelodie des Beginns könnte zunächst

[5] HEKG II/2, 91.

wie ein Rückgriff auf den mittelalterlichen Cantio-Typus aussehen. Anders als bei diesem herrscht nun aber eine starke Tonika-Dominant-Polarität, in welcher sich das funktionale Denken der (im engeren Sinne) tonalen Musik manifestiert. Diese Polarität lässt jede Zeile in einer Art Pendelbewegung von der Tonika zur Dominante oder umgekehrt schwingen, wobei der Leitton zur Dominante in den Zeilen 1 und 3 die harmonische Zielrichtung eindeutig macht. Die Melodieführung am Ende der Zeilen 2, 3 und 4 (Grundton – Grundton – Leitton – Grundton) erzwingt jedes Mal eine vollständige Kadenz und verursacht auf diese Weise die tonale Stabilität.

Zum harmonischen Pendeln kommen starke Motivbeziehungen hinzu, welche den Melodieverlauf als zwingend und auch entsprechend eingängig erscheinen lassen. Außer der Übereinstimmung an den Zeilenenden (immer mit der steigenden kleinen Sekunde, dreimal mit der beschriebenen Kadenzformel) entsprechen sich auch die jeweils ersten Zeilenhälften, und zwar paarweise: Zeile 2 beantwortet den Dreiklangsaufstieg von Zeile 1 mit einem Abstieg durch eben diesen Dreiklangsraum, wobei der diesen Dreiklang übersteigende Spitzenton der gesamten Melodie als Verbindungsglied der beiden Zeilen fungiert: Der in der ersten Zeile doppelt angesetzte Schwung vom Grundton zum Quintton wird in der zweiten bis zur sechsten Melodiestufe fortgesetzt. Noch enger aufeinander bezogen sind die Zeilen 3 und 4 in ihrer ersten Hälfte: Nur die Versetzung der ersten beiden Töne um einen Ton nach oben unterscheidet sie.

Der vierstimmige Satz im Gothaer Cantionale von 1651 harmonisiert jeden der drei melodisch identischen Zeilenschlüsse etwas anders. In Zeile 3 wird der melodische Vorhaltston (der drittletzte der Zeile) auch harmonisch als Vorhalt realisiert, nämlich als Quartvorhalt im Akkord der V. Stufe. In den beiden anderen Fällen steht er mit der Subdominante, doch unterscheiden sich diese Zeilen beim viertletzten Ton, der einmal mit der Tonika (in der ersten Umkehrung) und einmal mit einer Nebenstufe (der VI.) harmonisiert ist. Der Satz korrigiert auf diese Weise eine gewisse Monotonie, welche durch die Identität der Zeilenschlüsse erzeugt wird. Er wurde von Richard Gölz in sein Chorgesangbuch[6] aufgenommen und gehört nun als eine vielen Chören vertraute und leicht zugängliche musikalische Gestaltung zum Repertoire der vierstimmigen Sätze des EG.

ANDREAS MARTI

[6] Richard Gölz, Chorgesangbuch, Kassel 1934; Neuauflage Kassel 1968, 23.

158 O Christe, Morgensterne

Text

Vorlage *Er ist der Morgensterne* (Zwickauer Bergreihen, 1531) **Quelle** *Zwey Schone newe Lieder*, Leipzig 1579 (W I, S. 798f) **Ausgabe** W V,12 **Strophenbau** A7/3x_1-A6/3x_2 A7/3x_3 A6/3a A6/3a **Abweichungen** nach 2: 3. *Ich kan und mag nicht schaffen*; 4. *O Jhesu, lieber HErre*; 3,2 *Dein Rosenfarbes Blut*; nach 3: 6. *Ist dir verwund so sehre*; 7. *Leg du dein Sünde abe*; 8. *Ich will dich selber speisen*; 4,4 ich *mög* nach; 4,5 *eingehen*; nach 4: 10. *Der uns dieses Liedlein sang* **Verbindung TM** in der Q ohne M

Melodie

Incipit 1 1_11_-6 -5___2_ **Vorlagen** (a) die Melodie des weltlichen Liedes ist nicht sicher rekonstruierbar, s. DKL III/3, Textbd., 171f; (b) *Tut nicht ihr Christen zagen/ Nolite Christiani* in: *Cithara Christiana* (Johann Lauterbach), Leipzig 1585 **Quellen** (a) *Gesangbuch* [...], Dresden 1593 (DKL 1593[2-3]) * (b) *Das ander Theil/ des andern newen Operis, Geistlicher Deutscher Lieder* (Bartholomäus Gesius), Frankfurt/Oder1605 (DKL 1605[05]) **Ausgaben** Z I,1661a (Vorlage b) und 1661b (Quelle b); DKL III/3-4 A777A (Quelle a) und A777D (Quelle b); HDEKM II/2, 302 (Quelle b mit 4st. Satz) **Ambitus** G: 8; Z: 543b44 **Abweichungen** (a) zahlreiche Abweichungen in mensural ungeschlossener Melodie (s. Ausgabe); (b) Taktvorzeichnung: 3; vor N 1: 2 Viertelpausen; statt N 6: Halbenote *c* und Viertelnote *g* zur Silbe *ster-*; Schlusston Z. 2, 3 und 4: Halbenote (in Z. 2 und 4 angebunden an die vorhergehende punktierte Halbe) ohne nachfolgende Pause; Schlusston Z. 6: punktierte Ganze **Verbindung MT** *In dieser Abendstunde* (nach Z I,1661b) * *Gott zLob und auch zu Ehren* und *Im Namen des Herren Jesu Christ* (in DKL 1602[03]; s. JLH 7, 1962, 147f)

Literatur

HEKG (Nr. 340) I/2, 497; II/2, 91f; III/2, 412–414; Sb, 271.526; HEG II, 113–115 ** ThustB, 171; ThustL I, 282f ** Böhme (1877) 109; KLL (1878ff) II, 135; B (1886ff) IV, 463; EEKM (1888) II, 456–459; Erk-Böhme (1893f) I, 108f; DKL (1993–2010) III/3, Textbd., 171f ** UHLAND, Ludwig: Alte hoch- und niederdeutsche Volkslieder mit Abhandlung und Anmerkungen, Bd. I, Stuttgart/Tübingen **1844**, Nachdruck Hildesheim 1968, 76 * NITSCHE, Herbert: „O Christe, Morgensterne“, WüBll 24 (**1957**) 83f

Im EKG war das Lied unter den Morgenliedern eingereiht (EKG 340), im EG findet es sich unter den Liedern zum Gottesdienst – Eingang und Ausgang. Tatsächlich ist die Anrede O *Christe, Morgensterne* noch kein hinreichender Grund, die vier Strophen als Morgenlied anzusehen. Das Lied hat als geistliche Parodie seinen weltlichen Ursprung im Tagelied *Er ist der Morgensterne.*[1] Im geistlichen Lied deuten das Stichwort *dein reines Wort* (Str. 1,5), das Zutrauen

[1] Vgl. auch Kurt Hennig, Die geistliche Kontrafaktur im Jahrhundert der Reformation, Halle 1909, Nachdruck Hildesheim 1977, 131f.

in Jesu Erbarmen (Str. 2) und die Abendmahlsstrophe 3 auf die gottesdienstliche Situation hin.

Die in EKG und EG beinahe übereinstimmend begegnende Fassung des Liedes ist jedoch nur eine Strophenauswahl aus einem Lied mit ursprünglich zehn Strophen, in dessen Zentrum das Abendmahl steht. Das verkürzte Lied nimmt die Originalstrophen 1, 2, 5 und 9 auf.

Das Originallied hat einen klaren Aufbau – in die beiden Rahmenstrophen 1 und 10 fügt sich ein Gespräch zwischen einem Einzelnen und Christus ein. Zuerst wird Christus angeredet (Str. 2–5), dann antwortet er (Str. 6–8). In Str. 9 dankt der Beter. In den Rahmenstrophen singt das Wir der Gemeinde.

Die 1. Strophe nimmt 2. Petrus 1,19 auf: *Um so fester haben wir das prophetische Wort, und ihr tut gut daran, dass ihr darauf achtet als auf ein Licht, das da scheint an einem dunklen Ort, bis der Tag anbreche und der Morgenstern aufgehe in euren Herzen.* In Offenbarung 22,16 spricht der auferstandene Jesus (*vons Himmels Throne)* von sich selbst als dem *hellen Morgenstern.* Die 1. Strophe ist eine Verbindung beider Schriftworte.

Voller Vertrauen in das Erbarmen Jesu wendet sich in Str. 2 eine einzelne Stimme an Jesus, den *Trost der Armen.* In *mein Herz heb ich zu dir* klingt das „sursum corda" (Erhebet eure Herzen) der Abendmahlsliturgie nach. Die Situation, aus der heraus die Wendung des Herzens zu Jesus geschieht, zeigt die ursprüngliche 3. Strophe: *Ich kann und mag nicht schaffen,/ ich kann nicht fröhlich sein,/ mir ist verwundt mein Seele / und fürcht der Höllen Pein,/ o Christ, erbarm dich mein.* Abgesehen von der Höllenfurcht, die als Furcht vor jenseitiger Pein heute schwer nachzuvollziehen ist, findet diese Strophe eine schlichte und eindringliche Sprache, die auch heutige Lebens- und Sinnkrisen präzise beschreibt. An die Schilderung der Not schließt sich eine weitere, der 2. Strophe ähnliche Bittstrophe an: *O Jesu, lieber Herre,/ du einger Gottessohn,/ von Herzen ich begehre,/ du wollst mir Hilfe tun./ Du bist der Gnadenthron* (orig. Str. 4). Unterschieden sind die beiden Strophen darin, dass hier die Göttlichkeit Jesu hervorgehoben ist. Immer eindringlicher wird das Gebet, die Bitte um Hilfe. Mit der folgenden Strophe (EG Str. 3 / orig. Str. 5) erinnert der Beter an das Sterben Jesu *für mich.* Das EG hat in dieser Strophe den Text gegenüber dem Original (= EKG) verändert: Aus *Du hast für mich vergossen / dein rosenfarbnes Blut* wurde nun *Du hast für mich vergossen / am Kreuz dein teures Blut* (vgl. Kol 1,20; 1. Petr 1,19). Damit geht der Strophe Bildlichkeit verloren, das für heutige Ohren jedoch eigentlich Anstößige der Strophe ist geblieben: *Das lass mich, Herr, genießen.* Mit dem *Kreuz* wird sowohl auf der Vorstellungs- als auch auf der Verständnisebene eine andere Dimension aufgerufen, die eher verdunkelt als erhellt, dass hier ursprünglich der Vollzug des Abendmahls im Blick ist.

Die folgenden drei Strophen sind die Antwort des so angerufenen Jesus:

6. Ist dir verwundt so sehre / die arme Seele dein/ tu du dich zu mir kehren/ ich will dein Helfer sein/ vergelten Schuld und Pein.

7. Leg du dein Sünde abe / und sei ein frommer Christ/ ich will dich selber lieben / und schenken meinen Geist/ der dich zum Himmel weist.

8. Ich will dich selber speisen / mit meinem Leib und Blut/ mein Lieb an dir beweisen / und will dir teilen mit / mein Schatz und höchstes Gut.

Wie es der lutherischen Abendmahlspraxis seit dem 16. Jh. entspricht, ist hier die Abfolge von Beichte, Absolution und deren Bestätigung im Abendmahl zu erkennen. Die Verknüpfung mit der Gabe des Geistes weist auf den Einfluss calvinistischer Sakramentstheologie hin. Das Lied erweist sich damit als Zeugnis einer Vermittlungstheologie zwischen Luthertum und Calvinismus, die in der zweiten Hälfte des 16. Jh. in Sachsen wirksam wurde.

In seiner jetzigen Gestalt ist dem Lied die entscheidende Pointe verloren gegangen: Jesus erhört die Bitten und schenkt Anteil am Heil, indem er sich selber im Sakrament mitteilt. So bleibt das Lob der Str. 4 (orig. 9) letztlich ohne wirklich erkennbaren Grund, denn es schließt unmittelbar an die zuvor stehende Bitte an, die in der verkürzten Fassung des Liedes ‚unerhört' bleibt. Als Abschluss des Liedes ist die Strophe gleichwohl sehr passend in der Erwartung der Freude an Jesu Seite nach dieser Zeit (vgl. Mt 25,21.23). In dem vierstrophigen Lied stellen sich hier auch noch einmal feine Bezüge zur 1. Strophe ein: Der leuchtend helle Schein von des Himmels Thron ist ein Vorzeichen der ewigen Freude, die den nach dieser Zeit erwartet, der hier an diesem dunklen Ort glaubt.

Die letzte Strophe des Originals gibt noch einmal der Gemeinde das Wort:

Der uns dies Liedlein singe/ so wohl gesungen hat/ Gott helf, dass ihm gelinge / im Leben und im Tod / durch Christi Wunden rot.

Dies ist eine Bekräftigung der Bitten des einzelnen Beters und Segenswunsch zugleich – ein unausgesprochenes „Amen".

Ilsabe Seibt

Man muss Walter Blankenburg Recht geben, wenn er Ähnlichkeit mit der Melodie zu *Aus meines Herzens Grunde* (EG 443) feststellt; mit seiner Vermutung, die beiden Weisen könnten „vielleicht sogar aus einer Wurzel herrühren",[2] geht er aber zu weit. Die Frage nach dem wahren Ursprung lässt sich gleichwohl nicht vollständig beantworten. Die Geschichte des weltlichen Liedes *Er ist der Morgensterne* (Böhme, Nr. 109), das vielleicht als Vorlage diente, lässt sich bis ins 15. Jh. zurückverfolgen; es ist entweder ohne Melodie oder mit einer anderen, aber stets vierzeilig überliefert. Ob die geistliche Urform unserer Weise, die erstmals in Johann Lauterbachs „Cithara Christiana" von 1585 zum Text *Tut nicht, ihr Christen, zagen* gedruckt wurde, auf das genannte weltliche Lied zurückgeht, lässt sich somit allenfalls vermuten. Bemerkenswert ist, dass die nachfolgenden Melodiefassungen, nun mit dem Text *O Christe, Morgensterne* verbunden, stark voneinander abweichen (vgl. DKL III/3 A777 und die Fassungen A777A-C aus den Jahren 1593 und 1598). Ganz offensichtlich existierten mehrere recht unterschiedliche Versionen über einen längeren Zeitraum hinweg

[2] Walter Blankenburg, HEKG II/1, 91.

parallel nebeneinander; die Dresdener Fassung von 1593 (DKL III/3 A777A) beispielsweise wurde mindestens bis 1656 in die dortigen Gesangbuchdrucke übernommen (DKL 1656[03]).

Die heute gebräuchliche Weise geht auf Bartholomäus Gesius zurück, der sie als Oberstimme eines vierstimmigen Satzes 1605 erstmals im zweiten Teil seines Werkes „Ein ander new Opus Geistlicher Deutscher Lieder" (DKL 1605[05]; DKL III/4 h19) in Frankfurt an der Oder in Druck gab. Er unterzog sie dafür einer ebenso gründlichen wie kunstsinnigen Überarbeitung. Vor allem die Umwandlung in einen Dreiertakt veränderte den Gesamtcharakter des Liedes.

Das auffälligste Merkmal der Melodie ist ihre reprisenartige Form, die sich durch die Übereinstimmung der zweiten mit der letzten Zeile ergibt. Nur diese beiden Zeilen kadenzieren in den Grundton *f'*, alle anderen enden auf der Obersekunde *g'*. Der hemiolische Rhythmus hebt die beiden Zeilen zusätzlich von den übrigen ab; nach heutigem Empfinden ist an diesen Stellen in das Sechsviertelmetrum jeweils ein Dreihalbetakt eingeschoben. Wahrscheinlich sind die beiden Hemiolen – durchaus bewusst übernommene – Relikte früherer Versionen, die allesamt im geraden Takt niedergelegt waren. Durch die Schlusswirkung der hemiolischen Zeilen ergibt sich musikalisch eine zweiteilige Form: ein doppelzeiliger Abschnitt gefolgt von einem dreizeiligen. Die Struktur der Weise unterstreicht damit die des Textes, in welchem ebenfalls jeweils die ersten beiden und die letzten drei Verszeilen inhaltlich zusammengehören.

Der Ambitus umfasst die Oktave zwischen *c'* und *c''*; der Grundton liegt in der Mitte. Diese plagale Anlage kommt nur in der Eingangszeile zum Ausdruck, einzig in ihr und nur in zwei Tönen (*d'* und *c'*) wird der Grundton unterschritten.

Wenn man das Lied versuchsweise einmal ohne seine vorletzte Zeile singt, wird spürbar, wie stark gerade sie zu dem besonderen Reiz der Melodie beiträgt. Nur in diesem Melodieabschnitt wird der Spitzenton *c''* berührt und durch seine Wiederholung sogar deutlich betont. Und nur an dieser Stelle wird die sonst streng syllabische Textierung (in Str. 1 beim Wort *dunklen*) mit der punktierten Viertel- und angebundenen Achtelnote aufgegeben. Diese Minimalform einer Verzierung fehlt in allen Fassungen vor 1605; sie geht demnach ebenfalls auf Gesius zurück, der damit demonstriert, wie kleinste Veränderungen und sparsamst eingesetzte Kunstgriffe zu einem Gewinn an musikalischer Qualität führen können.

Die Weise gehört somit in die Gruppe von Kirchenliedmelodien, die erst nach einigen offenbar nicht befriedigenden Vorformen zu einer stimmigen, endgültigen Form gefunden haben, deren Strahlkraft dann aber unverändert über Jahrhunderte hinweg Bestand hat.

Der im EG vorgezeichnete 6/4-Takt könnte dazu verleiten, die Viertelnote als Grundmaß und damit das Tempo zu gemächlich zu nehmen. Die langen Zeilenendtöne wären dann in Gefahr, die Grenze des Erträglichen zu überschreiten. Wenn man jedoch die punktierte Halbe als Grundmetrum begreift, wird der Gesang seine Wirkung als freudig beschwingte Einleitung des Gottesdienstes nicht verfehlen.

Helmut Lauterwasser

159 Fröhlich wir nun all fangen an

EG 159 EM 435

Text

Verfasser Zachäus Faber **Quelle** *Schöne Geistliche Lob- und Betgesenge*, Wittenberg 1601 **Überschrift** *Ein Betgesang, Wenn man zur Predigt vnd Gottesdienst sich verfüget. Im Thon: Es ist das Heil vns kommen her* **Ausgabe** FT I,58 **Strophenbau** A8/4a A7/3b-, A8/4a A7/3b-, A8/4c A8/4c A7/3x- vgl. Frank 4.107 ‚Lutherstrophe' **Abweichungen** 1,3 *denselbn will;* 1,4 *jhm hoch;* 1,5 *Will auch ein jeder stund vnd wort;* 1,6 *So wir jemals sein Wort gehort;* 1,7 *Mit höchster Frewd belohnen;* 2,2 in *deinm;* 2,3 *Erben;* 2,4 er *sehr;* 2,7 *Verehren;* 3,2 *Vnser Beten vnd Singen;* 3,3 *Ubr vnser* **Verbindung TM** in der Q ohne N, die Überschrift (s. o.) verweist auf EG 342

Melodie

Incipit 1__5_5_3_5_6_6_5__ **Verfasser** Mathias Greiter oder Jakob Dachser (s. Kommentar) **Quelle** *Psalter. Das seindt alle Psalmen Dauids mit jren Melodeien* [...], Straßburg 1538 (DKL 1538[06]) **Ausgaben** Z III,4735; DKL III/1.2 Eb40 **Ambitus** G: 8; Z: 68(68)546 **Abweichungen** Q: Quinte tiefer; vorletzter Ton 2 Viertelnoten statt Halbenote * EM: 4st. Satz (Hermann Grabner 1952); Z. 2/4, letzter Ton: Ganze **Verbindung MT** in der Q: *Was rühmest du dich der Bosheit* (Ps 52)

Literatur

HEKG (Nr. 125) I/2, 223f; III/1, 453f; Sb, 202f; HEG II, 87f ** ThustB, 171; ThustL I, 283f ** Schlunk (1951) 112; DKL (1993–2010) III/1.2, Textbd. 144 (zu Eb36), 146 (Eb40) ** HOFMANN, Friedrich: Die Gemeinde lernt singen. Grundsätzliches und Praktisches zum Gemeindesingen, Kassel/Basel **1957**, 39–43 * JENNYG **1962**, 83 * WEISMANN, Eberhard: Fröhlich wir nun all fangen an (GB 125) – Lernlied 1964, WüBll 31 (**1964**) 69f * MEYER, Christian: Les mélodies des églises protestantes de langue allemande. Catalogue descriptif des sources et édition critique des mélodies, Bd. I: Les mélodies publiées à Strasbourg (1524–1547), Baden-Baden/Bouxwiller **1987**, Nr. 107

Zachäus Faber der Ältere (1554–1628) gab 1601 in Wittenberg „Schöne geistliche Lob- und Betgesänge" zum Druck. Darin steht unter der Überschrift „Ein Betgesang, wenn man zur Predigt und Gottesdienst sich verfüget" das Lied *Fröhlich wir nun all fangen an.* Faber gab dem Lied die Melodie *Es ist das Heil uns kommen her* (EG 342) bei. Das Lied scheint kaum oder gar nicht verbreitet gewesen zu sein. In Johann Crügers „Praxis Pietatis Melica" aus dem 17. Jh. und Johann Porsts „Geistlichen und lieblichen Liedern" im 18. Jh. taucht es jedenfalls nicht auf. Auch in gängigen Gesangbüchern des 19. Jh. ist es nicht zu finden. Das DEG von 1915 kennt es ebenfalls nicht. Soweit es sich bisher zurückverfolgen lässt, steht das Lied erstmals im „Gesangbuch für die Jugend"

Stuttgart 1938[1] und dann in den von Walter Reindell 1949 herausgegebenen „Kirchengesängen"[2] als Eingangslied für die Epiphanias- und Trinitatiszeit. Sowohl 1938 als auch 1949 ist dem Lied die heute geläufige Melodie Straßburg 1538 beigegeben. Offenbar wurde das Lied erst im Zuge der Bemühungen um die Neuordnung von Liturgie und Kirchenmusik in der ersten Hälfte des 20. Jh. für den Gemeindegesang entdeckt. Es war ein glücklicher Griff – sowohl der Text als auch die schwungvolle Melodie sind eine Bereicherung gottesdienstlichen Singens. Das dreistrophige Lied atmet den Geist lutherischer Gottesdiensttheologie und biblischer Sprache und ist zugleich von leicht fasslicher Schlichtheit. Jede der drei Strophen hat ihren eigenen, besonderen Sprachgestus. In der 1. Strophe verständigt sich die zum Gottesdienst versammelte Gemeinde darüber, was sie jetzt tut: *Fröhlich wir nun all fangen an / den Gottesdienst mit Schalle.* Der biblische Bezug der 1. Strophe ist Psalm 100,1–4, jedoch nicht so, dass der Psalm paraphrasiert im Lied erscheint. Vielmehr klingt die erste Strophe wie die Antwort der Gemeinde auf die Aufforderung des Psalms: *Jauchzet dem Herrn, alle Welt! Dienet dem Herrn mit Freuden; kommt vor sein Angesicht mit Frohlocken! Gehet zu seinen Toren ein mit Danken* (V. 1–2.4a). So angesprochen, ja aufgefordert, feiert die Gemeinde Gottesdienst, *weil Gott ihn ja will von uns han.* Gott *lässt sich's wohlgefallen* (Z. 4): Darin klingt der Opfergedanke nach, der in der Bibel mehrfach auf gottesdienstliches Loben und Danken bezogen ist (Ps 50,14f.23; Hebr 13,15f; in etwas anderer Weise auch Röm 12,1). Wenig später wird dies in den Liedern Paul Gerhardts erneut zur Sprache kommen (vgl. EG 446,5 und 449,3): die Lieder – der *Gottesdienst mit Schalle* – sind die rechten Opfer.

In der ersten Strophe zeigt sich Luthers Verständnis des Gottesdienstes als ein Wort-Antwort-Geschehen. Das Lied und – indem sie es singt – die zum Gottesdienst sich sammelnde Gemeinde *antwortet* auf das biblische Wort, das immer schon an sie ergangen ist. Im Gottesdienst *hört* sie auf Gottes Wort. Wort und Antwort greifen ständig ineinander, das Eine setzt das Andere voraus bzw. aus sich heraus, beide Seiten – Gott und die Gemeinde – hören und antworten. Den Beginn dieser Kommunikation setzt Gott, sein Wort ist dem menschlichen Hören und Antworten immer vorgeordnet. Die Antwort ergeht im und mit dem Gottesdienst, der mehr ist als die sonntägliche Versammlung der Gemeinde. Er umgreift das Hören auf Gottes Wort *zu jeder Stund an allem Ort.* Der Gedanke des immer und überall gefeierten Gottesdienstes hat Anhalt an Hebräer 13,15: *allezeit das Lobopfer darbringen.* Konkret mag hier an Hausandachten und Wochengottesdienste gedacht sein. Das Lied ist eben „ein Betgesang, wenn man zur Predigt und Gottesdienst sich verfüget", wie der Untertitel ausweist. Am Ende steht die Verheißung: Das treue und beständige Hören auf das Wort findet Gottes Antwort: *will er's mit Freud uns lohnen* (vgl. 1. Thess

[1] Gesangbuch für die Jugend, herausgegeben vom Württembergischen evangelischen Landesverband für Kindergottesdienst und Sonntagsschule in Stuttgart, Stuttgart 1938, Nr. 78.

[2] Kirchengesänge. Lieder für den Gottesdienst an Sonn- und Festtagen, in Verbindung mit der Kirchenagende für die Hand der Gemeinde geordnet von Dr. Walter Reindell, Gütersloh 1949.

1,6) – eine feine Doppeldeutigkeit: Gott hat Freude daran, uns zu lohnen, und unser Lohn ist Freude als jetzt schon gegenwärtige Realität oder, mit der zweiten Strophe gesagt: Seligkeit.

Auf die Verständigung der Gemeinde folgt in der zweiten Strophe Verkündigung in der Form einer Seligpreisung, deren Subjekt die singende Gemeinde ist. Geradezu überschwänglich wird die Verheißung des Gottesdienstes beschrieben: *O selig über selig sind,/ die in seim Dienst sich üben. Ja, selig sind die, die das Wort Gottes hören und bewahren* (Lk 11,28). Sie sind die treuen Diener, die das Evangelium weitertragen, die Erben und geliebten Kinder. In der Zusammenschau mit dem Schluss der 1. Strophe ergibt sich eine Parallelität von *Diener, Erben und Kind* zu *lohnen, beschenken, begnaden.* Die ganze Strophe steht auf biblischem Fundament: *Sind wir aber Kinder, so sind wir auch Erben, nämlich Gottes Erben und Miterben Christi, wenn wir denn mit ihm leiden, damit wir auch mit zur Herrlichkeit erhoben werden* (Röm 8,17) und *Sei getreu bis in den Tod, so will ich dir die Krone des Lebens geben* (Offb 2,10). Ewiges Leben erscheint hier nicht auf der Negativfolie irdischer Not, sondern ist die selbstverständliche Folge eines Lebens in der Nähe Gottes als *treue Diener,* die sich *in seim Dienst üben.* Hier ist schon leise angedeutet, dass die menschliche Antwort auf Gottes Wort auch tätiger Dienst zugunsten der Nächsten und der Welt ist.

Dieser Gedanke wird in der 3. Strophe weiter entwickelt, die Gott im Bittgebet direkt anredet. Zunächst klingt wieder Opfersprache an: *O Gott, nimm an zu Lob und Preis / das Beten und das Singen.* Im Original von Faber und ebenso Stuttgart 1938 heißt es noch: *unser Beten und Singen.* Dies ist die einzige relevante Textänderung schon in den Kirchengesängen von 1949 und ebenso im EKG, die vermutlich der Zuweisung an die jetzige Melodie geschuldet ist. Zentral ist die Bitte *in unser Herz dein' Geist ausgieß,/ dass es viel Früchte bringe / des Glaubens aus deim heilgen Wort* (vgl. auch Röm 5,5). Gottes Wort, in der Bibel gegeben und in der Predigt verkündigt, wird zur Richtschnur für das ganze Leben. Dass es angenommen wird, kann nur Gott selbst durch seinen Geist wirken. *Die Frucht aber des Geistes ist Liebe, Freude, Friede, Geduld, Freundlichkeit, Güte, Treue, Sanftmut, Keuschheit* (Gal 5,22.23a). Die Früchte des Glaubens kommen als gute Werke Menschen zugute, denn der Glaube ist durch die Liebe tätig (Gal 5,6). Geistgewirkt sind sie geistlich und irdisch zugleich. So geschieht der Lobpreis *hier und dort.* Die Vorfreude auf das künftige Leben bei Gott wird geschenkt und erfahren im Beten und Singen, wie es im Gottesdienst geschieht – zu Fabers Zeiten und heute. Darum: *Fröhlich wir nun anfangen.* Der letzte Satz führt zum Anfang des Liedes zurück; es schließt sich ein Kreis, der stets von Neuem beschritten und durchmessen werden kann und soll. Das Gespräch in Wort und Antwort, im Hören, Singen, Beten geht weiter, es begleitet in den Alltag und mündet wieder in den Sonntag.

Ilsabe Seibt

Die Melodie gehört historisch nicht zum Repertoire lutherischer Gesangbücher. Sie erschien erstmals 1538 in dem Straßburger Gesangbuch *Psalter. Das sind alle Psalmen Davids mit ihren Melodien* (Schreibweise modernisiert) zu Jakob Dachsers Psalmlied *Was rühmest du dich der Bosheit* (Psalm 52). Ihre Verbreitung blieb im 16. Jh. auf Straßburger, kurpfälzische und Bonner (evangelische) Gesangbücher beschränkt, Gegenden also, die von reformierter Theologie bestimmt waren. Wer der oder die Schöpfer der insgesamt sieben „neuen" Weisen in dem Straßburger *Psalter* von 1538 waren, lässt sich nicht sicher sagen. Markus Jenny vermutet aus stilistischen Gründen Mathias Greiter,[3] Siegfried Fornaçon geht bei Psalm 52 von Jakob Dachser, dem Dichter des Textes, auch als Komponisten aus und beruft sich dabei auf dessen musikalische Kompetenz.[4] Vier dieser sieben Melodien von 1538 stehen in authentischer F-Tonalität.[5] Dass dies im 16. Jh. mehr beinhaltet als eine festgelegte Abfolge von Ganz- und Halbtonschritten, zeigt unsere Melodie. Die charakteristischen Merkmale der Eingangszeile, Beginn auf dem Grundton, Ende auf der Quinte, darüber hinaus Betonung des Quinttons und Repetition der Sexte als Spitzenton, begegnen auch in anderen F-Melodien der Zeit; man vergleiche z. B. *Steht auf, ihr lieben Kinderlein* (EG 442), *Wach auf, wach auf, du deutsches Land* (EG 145), *Lobt Gott, ihr Christen alle gleich* (EG 27, erste Doppelzeile) oder auch *Wie schön leuchtet der Morgenstern* (EG 70). Auch das Durchschreiten des Oktavraums von oben nach unten wie in Zeile 2 kennen wir beispielsweise aus *Vom Himmel hoch, da komm' ich her* (EG 24) und *Ein feste Burg ist unser Gott* (EG 362), dort als Schlusszeile der Melodie, hier als Schlusszeile des Aufgesangs.

Der Text *Fröhlich wir nun all fangen an* folgt der Form der siebenzeiligen „Lutherstrophe". Die Melodie war aber ursprünglich für eine seltene Variante konzipiert: Die sieben jambischen Verse in Dachsers Psalmlied sind allesamt vierhebig und durchweg mit betonten („männlichen") Endungen. Das führte zu einem anderen Wort-Ton-Verhältnis (s. Notenbeispiel): Anstelle des Dreiton-Melismas in Zeile 2 des EG-Liedes („Got[-tesdienst]" bzw. „lässt") stand ursprünglich syllabische Deklamation und anstelle des vorletzten Melodietons, heute eine Halbenote, standen in der Straßburger Tradition zwei Textsilben und dementsprechend zwei Viertelnoten.

[3] JennyG, 83: Die Melodie trägt „ausgesprochen Greitersches Gepräge".

[4] Siegfried Fornaçon, Nochmals: Adam Reisner, JLH 13 (1968) 143–145, bes. 144: „Da J. Dachser Kantor war, ist nicht daran zu zweifeln, daß er die neu erschienenen Weisen zu seinen eigenen Psalmbereimungen geschaffen habe."

[5] Der Ambitus der Dur-Melodie umfasst den Tonraum zwischen Grundton und Oktave (*f-f'*).

Die in Straßburger Melodien ebenso wie im Genfer Psalter üblichen langen Zeilenanfangs- und -endtöne kommen dem Singen mehr entgegen als die kurzen Auftakte der ursprünglichen Verbindung des Textes mit der Melodie *Es ist das Heil uns kommen her* (EG 342, s. o. Hymnologische Nachweise). Am Beginn der ersten Strophe unterstützt die lange Anfangsnote die natürliche Sprachbetonung des Wortes *Fröhlich* genauso wie in der letzten Zeile der Schlussstrophe. Man unternehme einmal den Versuch, das ganze Lied mit kurzen Auftakten – quasi jambisch – in allen Melodiezeilen nach Melodie EG 342 zu singen. Trotz einiger natürlich wirkender kurzer Auftakte wird man gerne zu der gewohnten Fassung zurückkehren mit den verhaltenen Strophenanfängen *Fröhlich*, *O selig* bzw. *O Gott*, ganz zu schweigen von *Gotts treue Diener* am Beginn des zweiten Stollens in Str. 2.

HELMUT LAUTERWASSER

231 Dies sind die heilgen zehn Gebot

Text

Verfasser Martin Luther **Entstehung** 1524 **Vorlage** 2. Mose 20,1–17 **Quellen** (a) *Eyn Enchiridion oder Handbüchlein* und *Enchiridion Oder eyn Handbuchlein* (Erfurter Enchiridien zum Färbefaß und Schwarzen Horn), Erfurt 1524 (DKL 1524[03] und 1524[05]) * wahrscheinlich zuvor auf Einzeldrucken (vgl. WA 35, 11) * Das bisher nur in einem nicht ganz zuverlässigen Faks erhaltene Enchiridion zum Schwarzen Horn (s. u.) ist in Irland wieder aufgetaucht, s. Lauterwasser 2014 * (b) *Geystliche gesangk Buchleyn* (Walter), Wittenberg 1524 (DKL 1524[18]) **Überschrift** (a) *Folget zum ersten die zehen gebot Gottes/ auff den thon/ In gottes namen faren wir* **Liturgische Einordnung** Katechismuslied **Ausgaben** W III,22; WA 35, 426–428 (Nr. 6); WA.A 4, 149–152 (Nr. 1); HahnL 20–22 (Nr. 11); Faks des Enchiridions zum Färbefaß, Kassel 1983 (hg. Konrad Ameln); Faks des Enchiridions zum Schwarzen Horn, Erfurt 1848 (hg. Karl Reinthaler); Faks des Walterschen Chorgesangbuchs, Kassel 1979 (hg. Walter Blankenburg) **Strophenbau** A8/4a A8/4a A8/4b A7/4b R: Kyrieleis JLH 9 (1964) 42 **Abweichungen** (b) 3,1 *furen*; (a.b) 11,1 *Die gepot all* **Verbindung TM** (a): wie EG (Z I,1951; WA.A 4 Nr. 1, Mel. A; DKL III/1.2 Ea1) * (b): mit Figuralsatz * weitere eigene Melodien: Straßburg 1525 (Wolfgang Dachstein zugeschrieben; DKL 1525[10]; Z I,1952; WA.A 4 Nr. 1, Mel. B; DKL III/1.2 Eb9); Straßburg 1545 (DKL 1545[10]; Z I,1953; WA.A 4 Nr. 1, Mel. C; DKL III/1.2 Eb48) * weitere zugeordnete Melodien: *Wär Gott nicht mit uns diese Zeit* (Johann Walter; EKG 192; DKL 1524[18]; Z I,1954, DKL III/1.2 Ec14,c; zugeordnet in: DKL 1557[03])

Melodie

s. *In Gottes Namen fahren wir* (EG 498)

Literatur

HEKG (Nr. 240) I/2, 373–375; III/2, 171–174; Sb, 371–373; HEG II, 204–208 ** ThustB, 228f; ThustL I, 402–405 ** B (1886–1911) I, 273.573f; EEKM (1888) I, 178.316–319; WA (1883f) 35, 135–141; 426–428.495–497.615.621; WA.A 4 (1985) 55f.149–153; MöllerQ (2000) 78 ** SPITTAL **1905**, 187–199 * MAHRENHOLZ, Christhard: Auswahl und Einordnung der Katechismuslieder in den Wittenberger Gesangbüchern seit 1529, in: Gestalt und Glaube, FS Oskar Söhngen, Witten-berg/Berlin **1960**, 123–132 * HAHNEV **1981**, bes. 286–288 * VÖLKER, Alexander: „Dies sind die heilgen zehn Gebot". Anmerkungen zu einem Lutherlied – EKG 240, Der Kirchenchor 43 (**1983**) 34–38 * SAUER-GEPPERT **1984**, 19.56.115 * MEDING, Wichmann von: Luthers Katechismuslieder, Kerygma und Dogma 40 (**1994**) 250–271 (bes. 263–267) * HAHN, Gerhard: Die Vermittlung christlicher Lehre in den ‚Katechismusliedern' Martin Luthers, in: Mediävistische Komparatistik, FS Franz Josef Worstbrock, Stuttgart/Leipzig **1997**, 315–331 (bes. 319.322f) * MEDING **1998**, 100.104–107 * LAUTERWASSER, Helmut: Verschollen geglaubte Gesangbücher der Reformationszeit wiederentdeckt, JLH 53 (**2014**) 168–182, bes. 172–176

Wenn sich bereits im ersten Wittenberger Gesangbuch, dem Walterschen Chorgesangbuch von 1524, ein Bedarf nach ausgeprägt lehrhaften Liedern abzeichnet,[1] so gilt dies unbezweifelt für die beiden Dekaloglieder Luthers, für das zwölfstrophige *Dies sind die heilgen zehn Gebot* und das fünfstrophige *Mensch, willst du leben seliglich.*[2] Sie vertreten das 1. Hauptstück dann auch in der Zusammenstellung von ‚Katechismusliedern' Luthers in den Wittenberger Gesangbüchern Joseph Klugs ab 1529,[3] die 1543 eine eigene Vorrede erhält: „Denn wir ja gern wollten, das die Christliche Lere auff allerley weise, mit predigen, lesen, singen etc. vleissig getrieben ... würde."[4]

Catechismus ist für Luther ein umfassendes Unterrichtsgeschehen.[5] Er erklärt es zum dringlichsten Anliegen seiner Zeit. Der Große und Kleine Katechismus sind dafür nützliche Handreichungen. Catechismus findet in wochentäglichen Katechismusgottesdiensten statt, aber auch in der Verkündigung der sonntäglichen Messe, nachdem Luther einen gesonderten Gottesdienst für bereits Glaubende, „so mit ernst Christen wollen seyn", ausgeschlossen hatte.[6] Er findet in Haus und Schule statt. Hineingenommen sind mit besonderer Aufmerksamkeit und Fürsorge die „Einfältigen", die ‚Bildungsfernen' der Zeit, namentlich die Kinder, die Jugendlichen, auch das Gesinde. Catechismus hat die zentrale Aufgabe, auswendig gelerntes Glaubenswissen in Glauben weckendes Verstehen zu überführen. Gerade dazu kann das geistliche Lied beitragen, nicht nur damit, dass sich besser einprägt und merkt, was in Vers, Reim und Melodie abgefasst ist. *Zum göttlichen Wort und Wahrheit / macht sie das Herz still und bereit,* wird Luther *Frau Musica* lobend zuerkennen.[7] Auch in diesem Zusammenhang hat Luther besonders die Jungen im Auge, wie er schon in seiner ersten Gesangbuchvorrede von 1524 hervorhebt: „vnd also das guete mit lust, wie den iungen gepürt, eyngienge."[8]

In drei Rahmenstrophen lenkt Luther das rechte Verständnis des Dekalogs. – Str.1 betont die ‚Einsetzung' und den Autoritätsanspruch der Gebote im Sinai-Geschehen: Gott selbst hat sie durch Mose gegeben, sie sind *heilig,* aber sie sind auch *Gabe* für *uns.* – Strophe 11 formuliert zusammenfassend zwei Gebrauchsweisen (usus) des Gesetzes, die im Lied für jedes einzelne Gebot durchbuchstabiert sind: Sündenerkenntnis und Lebensanleitung. Sie sind nicht getrennte, sondern auf einander verweisende geistliche Vorgänge. – *Des helf uns:* Die 12., die Schlussstrophe bekennt, dass der heilsame Gebrauch der Gebote nicht ohne Hilfe möglich ist, und erbittet sie. Wir, deren *Tun* sich in diesem Spiegel als *verlorn* erweist,[9] die sich unter Gottes *Zorn,* seinem gerechten

[1] Mahrenholz 1960, 124; HahnEv, 15f.

[2] WA 35, 428f (Nr. 7); WA.A 4, 226–228 (Nr. 20); HahnL, 22f (Nr. 12).

[3] Mahrenholz 1960, 125; Hahn 1997, 317f.

[4] HahnL, 63.

[5] Gute Zusammenfassung seines Anliegens in der Vorrede zur Deutschen Messe und Ordnung Gottesdiensts, 1526, WA 19, 44ff, bes. 76; Hahn 1997, 320–322.

[6] WA 19, 75.

[7] WA 35, 483f; HahnL 62.

[8] WA 35, 474f; HahnL 56f.

[9] Vgl. EG 299,2; Röm 3,20ff; die Auseinandersetzung mit dem Gesetz im Römerbrief insgesamt.

Urteil über Unrecht vorfinden, dürfen den Blick auf einen *Mittler* richten (1. Tim 2,5), auf *Jesus Christ.* Das ist die Ausformulierung des *Kyrieleis,* das bereits jede einzelne Strophe abschließt. Das ist aber auch die Wegweisung vom Gesetz zum Evangelium.

Die Binnenstrophen, schlichte, gut merkbare Vierzeiler, durch die Reimanordnung zweigeteilt, sind meist so gefüllt, dass der erste Teil der Strophe die biblischen Gebote und Verbote nachspricht, der zweite Teil ihre Reichweite im Leben absteckt in einer Weise, die an Jesu Auslegungen in der Bergpredigt (Mt 5,21–48) denken lässt. Zum Teil wird im Verbot das Gebotene sichtbar gemacht, das darin enthalten ist (wie in Str. 6.9), und umgekehrt (wie in Str. 4). In den Schlussversen treffen 2. und 3. Hebung unmittelbar aufeinander. Diese „beschwerte Hebung", hier noch durch die Melodie gestützt, ermöglicht in Luthers und der voraufgehenden Zeit sprachliche Hervorhebungen wie *Berg Si(nai), (Herzens)grund lieb(en), (Gott) selbst red't, (dem) Feind tun, (vor) Gott le(ben).* Die dringliche Du-Form der Gebote ist auch in der Auslegung beibehalten. Str. 10 umfasst die Gebote 9 und 10 der Katechismuszählung, die ihrerseits in mittelalterlicher Tradition das Bilderverbot dem 1. Gebot subsumiert und nicht eigens auslegt.

Luther hat seinen Text der Melodie eines bekannten Leis (12. Jh.) unterlegt, das zu Prozessionen, Wallfahrten, Jerusalem-Pilgerreisen, Kreuzfahrten gesungen wurde: *In Gottes Namen fahren wir.* Nach Jenny „mag der Gedanke mitbestimmend gewesen sein: Die wahre Wallfahrt ist unser Lebensweg. Und unsere Seligkeit verdienen wir nicht mit frommen Sonderleistungen, wie Wallfahrten es sind, sondern Gott gefallen wir dann am besten, wenn wir durch das Halten seiner Gebote in seiner Gnade bleiben."[10] Im jüdischen Denken sind die Gebote Weg-Weisung, Weg-Geleit (halacha).

Str. 2 (1. Gebot): Das Bekenntnis zum einen Gott, die Absage an *Götter,* sie werden erst verbindlich und lebensgestaltend im Glaubensvertrauen (*ganz vertrauen*) und der Liebe *von Herzensgrund.* Hier klingt vorweg, wie der Große Katechismus die Frage beantworten wird, was es heiße, „einen Gott haben", nämlich „ihm von Herzen trauen und gläuben ... worauf du nu ... dein Herz hängest und verlässest, das ist eigentlich dein Gott".[11]

Str. 3 (2. Gebot): Der Umgang mit dem *Namen Gottes zu Unehrn* verbietet nicht nur sprachlichen Missbrauch von der Gedankenlosigkeit bis zur Lästerung, woran wir zuerst denken mögen. Er schließt ein, so erweitert Luther beträchtlich, dass man sich nicht eigenmächtig gegen die Beurteilungen und Bewertungen stellt, die Gott in seinem Wort und Wirken vornimmt: *nicht preisen recht noch gut,/ ohn* (außer) *was Gott selbst red't und tut.*

Str. 4 (3. Gebot): Die *Heiligung* des *siebten Tags,* des Sabbats, stillschweigend für den Sonntag in Anspruch genommen, bedeutet *Ruhen,* in das ausdrücklich

[10] WA.A 4, 55; Leis-Text u. a. W II,678.

[11] BSLK, 560; so bereits im Sermon „Von den guten Werken", 1520, WA 6, 211, einer wesentlichen Grundlage für die späteren Katechismen; weitere frühe Bearbeitungen der 10 Gebote durch Luther sind in WA 35, 136–141 diskutiert.

das ganze *Haus* eingeschlossen ist. *Ruhen* ist nicht nur ein *lassen ab* vom *Tun*; es soll Raum schaffen für Gottes *Werk in dir*. Damit ist vordringlich die Sonntagsgestaltung mit Gottesdienst, Verkündigung, häuslicher Andacht, Glaubenslehre gemeint,[12] in weiterem Sinne wohl auch die Vergegenwärtigung des immer schon vorausgehenden Handelns Gottes in allen Bereichen des Heils.

Str. 5 (4. Gebot): Wenn Luther bereits in den Wortlaut des Gebots, Vater und Mutter zu *ehren*, hineinformuliert: *und gehorsam sein*, so erklärt sich diese Gewichtung aus dem ständischen Rang, den Luther der Elternschaft zuerkennt: dass man die Eltern „nach Gott fur die Obersten ansehe", sie „an Gottes Statt fur Augen" halte. Diese uns nicht mehr selbstverständliche Denkweise erlaubt Luther, die Eltern im Schutz dieser Stellung zu sehen, „ob sie gleich gering, arm, gebrechlich und seltsam [wunderlich] seien".[13] *Ehren* wird real im *dienen*, in *hand*fester Hilfeleistung, *wo* immer nötig. Es ist beachtenswert, dass Luther die biblische Verheißung des *langen Lebens* erst an dieser Stelle anfügt: *so wirst du* ..., in diesem einzigen Gebot des Dekalogs mit einer Verheißung.

Str. 6 (5. Gebot): Das Verbot des *Tötens* ist sofort in ein Verbot des *Hassens* und der *Rache* verlängert (Mt 5,21f, Röm 12,19). Mehr noch, es soll zur gegenteiligen Haltung motivieren und stimulieren, zu einer Haltung, die das Zusammenleben nicht zerstört, sondern fördert, zu den christlichen Tugenden der *Geduld* und *Sanftmut* (Gal 5,22f), ja zur *Feindesliebe* (Mt 5,44). Ob *zorniglich* Töten eine besondere Art des Tötens meint, die dann andere Arten des Tötens zuließe, etwa die gerichtliche oder militärische der Obrigkeit, oder ob es doch wohl eher den Affekt meint, der immer mit Töten verbunden ist,[14] lässt sich nicht entscheiden.

Str. 7 (6. Gebot): Das Verbot des Ehebruchs hat im Lied eine Vertiefung gefunden, die über die Bergpredigt hinausreicht, wenn nicht nur das Auge (Mt 5,28), sondern das *Herz*, Sitz der heimlichsten Gedanken des Menschen (Mt 15,19), für die Unversehrtheit (*rein*) der Ehe einzustehen hat. *Ehe*, so wird man die Strophe deuten dürfen, ist das Erprobungsfeld für ein Leben, das der Selbstsucht Grenzen setzt, das, in der Sprache der Zeit, *keusch* (nicht lüstern, Gal 5,22–24), mit *Zucht* (Selbstbeherrschung, 2. Tim 1,7) und *Mäßigkeit* (Maß haltend; 1. Petr 4,8) geführt wird. *Kiusche, zucht, mâze* und dazu *triuwe* (Treue) sind übrigens auch die sozialen Grundtugenden, die die ritterlich-höfische Gesellschaft im Hochmittelalter in einem Kulturschub ausgebildet[15] und die bürgerliche Gesellschaft im Spätmittelalter übernommen hat. In dieser Tradition kann Luther die Christen auffordern, *ritterlich* zu handeln.[16]

Str. 8 (7. Gebot): In das Verbot des *Stehlens* wird sofort das Verbot des *Wucherns* aufgenommen. Es ist mittelalterlichen Ursprungs und verbietet Chris-

12 „Von den guten Werken", WA 6, 230–250, bes. 244.

13 Großer Katechismus, 587.

14 „Von den guten Werken", WA 6, 265, ordnet das Töten der zornigen und rachsüchtigen *begierd* zu.

15 Vgl. u. a. Joachim Bumke, Höfische Kultur, 2 Bde., München 1986.

16 EG 125,3 nach 1. Tim 1,18.

ten das Zinsnehmen. In Luthers Definition wird es nahezu zum zeitlosen Problem: Wucher als eine Geldvermehrung und Reichtumsanhäufung, die nicht durch Arbeitsleistung gedeckt, sogar auf Kosten von *Schweiß und Blut* anderer geht. Im Verbot das Gebot: die *milde Hand*, die verantwortliche christliche Fürsorge für die *Armen im Land*, die noch lange nicht mit staatlicher Unterstützung rechnen können.

Str. 9 (8. Gebot): Auch hier ein Verbot, das ein Gebot beinhaltet. Wer gegenüber seinem *Nächsten* als *falscher Zeuge* auftritt, ja auch nur *Lügen* über ihn verbreitet, beschädigt oder zerstört seine gesellschaftliche Reputation, eine unverzichtbare Grundlage seines Lebens. Es gilt im Gegenteil für einen *Unschuldigen* aktiv einzutreten, ihn zu *retten*. Das ist mehr und fordert mehr Mut und Einsatz als die Beachtung der ‚Unschuldsvermutung'. *Schande* soll nicht ausgebreitet und ausgebeutet werden, sondern in dem Rahmen gehalten werden (*decken zu*), in dem sie positiv aufgearbeitet werden kann (Spr 10,12).

Str. 10 (9.,10. Gebot): Alles, was einem *Nächsten* gehört, was seinen *Hausstand* als seine Lebensgrundlage ausmacht, seine Ehefrau eingeschlossen, soll nicht nur unrechtem Zugriff, sondern bereits dem *Begehren* entzogen sein, neidvollen, missgünstigen Wünschen. Das Gegenteil gilt: *alles Gute wünschen*, und zwar so konkret und so bereitwillig, wie es nach der ‚Goldenen Regel' mein eigenes *Herz* für mich *selber* wünscht und anstrebt (Mt 7,12; 19,19).

Wenn man sich an dieser Stelle noch einmal die Schlussstrophe vor Augen hält, ihren Hilferuf angesichts all des Verbotenen und Gebotenen in seiner ganzen Reichweite, ihren Blick auf den unabdingbaren Helfer, den es gibt, den *Mittler Jesus Christ*, so wird verständlich, dass man gemäß der Wittenberger Gottesdienstordnung von 1533 dieses Lied vor der Predigt des Katechismusgottesdienstes singen ließ, gleich welches „Stück" behandelt wurde, danach *Mensch, willst du leben seliglich.*[17]

Gerhard Hahn

[17] WA 35, 141; Meding 1994, 261f.

238 Herr, vor dein Antlitz treten zwei

EG 238(ö) EM 538(ö)

Text

Verfasser Victor Strauß **Entstehung** 1843 **Quelle** *Lieder aus der Gemeine für das christliche Kirchenjahr* (Victor Strauß), Hamburg 1843 **Überschrift** *Vor der Trauung* **Liturgische Einordnung** Trauung **Strophenbau** A 8/4a A6/3b A8/4a A6/3b vgl. Frank 4.34 ‚Chevy-Chase-Strophe' **Abweichungen** 1,2 um *fürder Eins* zu sein; 1,3 *Um Eins dem Andern* Lieb und Treu; 3,1 Zusammen füge *Seel'* und Herz; nach 3: 4. *Laß du ihr neu gegründet Haus*; 5. *Gieb Segen über diese Stund'*; 6. *Gott Vater, Sohn und Heilger Geist* * EM: 1,3 *um eins dem andern Lieb*; nach 3: 4. *Lass du ihr neu gegründet Haus*; 5. *Gott, Vater, Sohn und Heilger Geist* **Verbindung TM** in der Q ohne N, aber mit Angabe der Melodie *Lobt Gott, ihr Christen allzugleich* (EG 27)

Melodie

s. EG 322 *Nun danket all und bringet Ehr*

Literatur

HEG II, 316f ** ThustB, 234; ThustL I, 416f ** Koch ([3]1866–1877) VII, 275; NSK 1987/1, 19; RößlerL ([2]2001) 833 ** Kirchenordnung, unser von Gottes Gnaden Ernsts Graffen zu Holstein Schauenburg und Sternberg Herren zu Gehmen wie es mit Lehr und Ceremonien in unsern Graffschafften und Landen hinführo mitt Gottlicher Hilff gehalten werden soll, Stadthagen **1614**, 238–248

Der Dichter Victor Strauß[1], seit 1840 Archivrat in Bückeburg, gehört zu den wenigen, die ein Lied geschaffen haben, das bewusst dem Ablauf des Traungsgottesdienstes folgt. Es wurde 1843 in einem Liederband veröffentlicht, der seine liturgische Bindung bereits im Titel deutlich macht, indem er auf das christliche Kirchenjahr Bezug nimmt.

Wenige Jahre vor dem Erscheinen des Bandes hatte das Leben des Dichters eine entscheidende Wende genommen. Strauß wandte sich vom Rationalismus ab und dem orthodox-lutherischen Glauben zu. Die „tiefgläubige und streng kirchliche Gebundenheit seines Denkens"[2] bestimmte von da an seine geistliche Dichtkunst. Die Schlichtheit und Anspruchslosigkeit seiner Verse ist vom Dichter bewusst geplant. Im Nachwort zu den *Liedern aus der Gemeine* schreibt er:

[1] Victor Strauß wurde 1851 vom österreichischen Kaiser geadelt und fügte ab 1872 „von Torney", den Familiennamen seiner Frau, seinem eigenen hinzu. Von da an nannte er sich Viktor Friedrich von Strauß und Torney.

[2] Lulu von Strauß und Torney, Vom Biedermeier zur Bismarckzeit – aus dem Leben eines Neunzigjährigen, Jena 1933, 111.

„Einfalt ist die Form des Erhabensten wie des Tiefsten und der angeborene Schmuck der Wahrheit" (308). Die Lieder sind konsequent nach dem Kirchenjahr geordnet, dessen „wunderbare Erfindung und tiefsinnige Gliederung [...] das schöpferische Walten des Geistes Gottes in seiner Kirche" beweist (302). Der Liederband enthält zugleich die Texte aller Sonntagsevangelien ausgedruckt, was wiederum das große Interesse des Dichters an liturgischen Zusammenhängen deutlich macht. Weil Strauß das „ächt kirchliche Gemeinlied" (305) anstrebt, weist er den Liedern bereits bekannte Melodien zu. Diese konnten sich gegenüber der Tradition nur „anschließend, aufnehmend, fortführend" verhalten (307). Deshalb musste „die Kraft der alten Kirchenweisen die eigene Erfindung überwinden" (310). Neu komponierte Melodien sind nicht vorgesehen. Der Dichter klagt ganz allgemein über die neuere Entwicklung des Kirchengesangs und die zu geringe Ehrfurcht vor dem Alten: „Unantastbar hätte das Alte in seiner Tiefe und Kraft, Unschuld und Jugendfrische feststehen sollen. Aber wir haben unsern Weinberg nicht behütet ..." (299).

Das Lied hat sechs Strophen, von denen nur die ersten drei ins EG aufgenommen worden sind. Im methodistischen Gesangbuch finden wir die Strophen 1–4 und die Strophe 6. Sein Originaltext lautete 1843:

Vor der Trauung.

Mel.: Lobt Gott, ihr Christen allzugleich

Herr, vor dein Antlitz treten Zwei,
Um fürder Eins zu sein,
Um Eins dem Andern Lieb' und Treu
Bis in den Tod zu weih'n.

Sprich selbst das Amen auf den Bund,
fs24 Der sie vor dir vereint;
Hilf, daß ihr Ja von Herzensgrund
Für immer sei gemeint.

Zusammen füge Seel' und Herz,
Daß Nichts hinfort sie trennt,
Erhalt' sie Eins in Freud' und Schmerz
Bis an ihr Lebensend'.

Laß du ihr neugegründet Haus,
Herr, deine Wohnung sein;
Was arg und falsch ist, flieh' hinaus,
Was heilig ist, kehr' ein.

Gieb Segen über diese Stund',
Gieb Segen allezeit,
Gieb Segen, Herr, daß dieser Bund
Dieß Paar dir ewig weiht.

Nach der Trauung.

Gott Vater, Sohn und heil'ger Geist,
Steh' den Verbundnen bei,
Daß dich ihr ganzes Leben preist
Durch Glauben, Lieb' und Treu.

Der Dichter nimmt Bezug auf die zu seiner Zeit bekannten und üblich gewordenen liturgischen Formeln der Trauagende.[3]

In Strophe 1 findet sich das Wortpaar *Lieb und Treu*, das in der Bibel nirgends vorkommt, wohl aber bei der Einsegnung des Paares vor dem Traualtar.[4] Die *Treu bis in den Tod* (1,4) hat mit dem Märtyrertod von Offb 2,10 (*sei getreu bis in den Tod*) nichts zu tun, sondern bezieht sich auf die Formel „bis der Tod euch scheidet" in den Traufragen des Pastors.

Strophe 2 spricht davon, dass Gott selbst mit seinem Amen das Versprechen der Eheleute besiegelt. Dass Gott Amen sagt und nicht die akklamierende Gemeinde, ist ein ungewöhnlicher Gedanke, auch wenn in ihm 2. Kor 1,20 anklingt, er passt aber zu dem liturgischen Geschehen bei der Trauung, weil die Eheleute ihre eigene Entscheidung getroffen haben und nun Gottes Segen zu ihrem Handeln erbitten.[5]

Das Wort „Bund", das im AT und NT der Beziehung zwischen Gott und seinem Volk vorbehalten ist, wird hier für Mann und Frau gebraucht (2,1 und 5,3). So ist auch in neuerer Zeit in den Segensgebeten nach dem Vaterunser von den Eheleuten die Rede, „die nach deiner heiligen Ordnung den Bund der Ehe geschlossen haben."[6] Auch das *Ja von Herzensgrund* (Str. 2,3), das „für immer" gemeint ist, spielt auf die Traufragen im Gottesdienst an.

Strophe 3 bringt den Gedanken an *Freud und Schmerz*, die das Paar bis an das Lebensende nicht trennen sollen. Das erinnert an die Formulierung „in guten wie in bösen Tagen".[7]

Im Erstdruck von 1843 weist die Überschrift „Vor der Trauung" auf den liturgischen Ort des Liedes hin, und in der nicht ins EG aufgenommenen Str. 5

[3] Die Trauungszeremonie in Schaumburg-Lippe ist veröffentlicht in der Kirchenordnung von 1614. Diese wurde 1804 durch Schaumburg-Lippische Landesverordnung bestätigt und galt um 1840 noch unverändert (in Klammern die Seitenzahlen des Originaldrucks von 1614).

[4] „wollet jhr auch durch ewer gantzes Leben eheliche Liebe/ Trew vnd Freundschafft erweisen" (243).

[5] Gebet nach der Einsegnung: „Du wollest gegenwertigen Breutgamb vnnd Braut/[...] mit deiner Göttlichen Gnad vnd Segen auch auff jhre Hochzeit erscheinen [...] vnd beschliessen jhrer Ehelichen Bündnüs" (246–247).

[6] Agende III für evang.-luth. Kirchen und Gemeinden 1969, 123. – In der neubearbeiteten Auflage 1988, 59 wird das Problem des Unterschieds zum alttestamentlichen Bundesgedanken angesprochen, indem es heißt: „Ihr Bund soll ein Abbild des Bundes sein, den du mit deinem Volk geschlossen hast."

[7] In der Kirchenagende von 1614 heißt es sehr bildhaft: „Auch da sich etwa ein Wasser der Trübnus in jhrem Ehestande finden würde/ so wollest du jhnen dasselbige in einen tröstlichen Frewdenwein verwandeln" (248).

wird noch einmal ausdrücklich auf den Traugottesdienst selbst Bezug genommen, wenn es heißt *Gib Segen über diese Stund'*. Vom Segen ist allerdings in der Kurzfassung des EG nicht mehr die Rede. Der Direktbezug auf die liturgische Handlung ist durch die Kürzung des Liedes entfallen. Deshalb fehlt jetzt auch die auf den liturgischen Ablauf hinweisende Überschrift „Nach der Trauung“ vor der Str. 6 des Originals, der abschließenden Gloriastrophe. Die liturgische Einbettung ist damit verloren gegangen, und der strukturelle Gedanke des Dichters ist nicht mehr erkennbar. Das ändert jedoch nichts an der anrührenden Schlichtheit des Liedes, das in Form eines Gebets mit knappen Worten das Wichtigste über die Eheschließung und das Miteinanderleben des Paares sagt.

Das Lied ist nur selten in Gesangbücher aufgenommen worden.[8] Die von Victor Strauß vorgesehene Melodie *Lobt Gott, ihr Christen allzugleich* hat den Nachteil, dass sie heute ausschließlich mit der Weihnachtszeit in Verbindung gebracht wird und unpassend erscheint, wenn die Trauung zu einer anderen Jahreszeit stattfindet. Deshalb ist die Melodie *Nun danket all und bringet Ehr* (EG 322) für den Text wesentlich besser geeignet, zumal sie in Str. 1,1 auch bessere Betonungsverhältnisse herstellt. Allerdings entfällt dadurch die verstärkende Wiederholung der Schlusszeile, wie sie bei *Lobt Gott ihr Christen allzugleich* gegeben ist.

Wolfgang Herbst

[8] Z. B. in: Gesangbuch, herausgegeben von den Konsistorien der evangelisch-reformierten Gemeinden in Dresden und Leipzig, 1911, Nr. 308 (Mel. *Lobt Gott, ihr Christen allzugleich*); Gesangbuch der Evangelisch-lutherischen Landeskirchen in Schleswig-Holstein-Lauenburg, Hamburg, Mecklenburg-Schwerin, Lübeck, Mecklenburg-Strelitz, Eutin, 1930, Nr. 502 (Mel. *Nun danket all und bringet Ehr*).

285 Das ist ein köstlich Ding

EG 285(ö) RG 51ö EM 18(ö)

Text

Entstehung Zuerst veröffentlicht auf Schallplatte: *Wie David auff der Harpffen schlaget*, da camera (SM 940418), aufgenommen am 18. Juli 1966 in Mannheim. **Vorlage** Psalm 92,2–6.9.11–16 **Quellen** (a) *Neue geistliche Lieder* (hg. Oskar Gottlieb Blarr, Christine Heuser, Uwe Seidel), Regensburg 1967 * (b) *Notenheft zum EKHN-Kirchenliederfestival 1979/1980* (hg. v. Vorbereitungsausschuß der EKHN), Worms 1979 **Überschrift** (a) *Das ist ein köstlich Ding (aus Psalm 92)* * (b) *Das ist ein köstlich Ding* **Strophenbau** Prosatext **Abweichungen** (a) ohne Str. 3 * (b) nach 2: 3. *Denn siehe deine Feinde werden umkommen* * RG: ohne Str. 3 **Verbindung TM** wie EG

Melodie

Incipit 123 5_65_321 -7b_-7b_ **Verfasser** Rolf Schweizer **Entstehung** 1966 in Mannheim für die dortigen Jugendgottesdienste (Meyer ^{2}1997, S. 269) **Quellen** s. o. **Ambitus** G: 9; Z: 76b78 3435 **Abweichungen** Q: kleine Terz höher; Kehrvers, Übergang von Z. 1/2 und 3/4: Viertelpause, ohne Achtelnote *h*, Silben *und lob-* unter Note *d'* und *e'*; Strophen: Z. 2 endet mit Viertelnote und Achtelpause * RG: Ton höher (E-Dur) * EM: Melodie mit 3st Satz (Andreas Hantke 1994) **Verbindung MT** wie EG

Literatur

HEG II,293–295 ** WGL1 III, 113f; IX, 79; RGL1, 655; ThustB 260 ** Meyer (^{2}1997) 269f.274f ** ZIMMERMANN, Heinz Werner: Die neuen geistlichen Melodien der sechziger Jahre, MuK 42 (**1972**) 274f * THUST **1976**, 773 * PACIK, Rudolf: Kriterien für Text und Melodie des Gemeindeliedes, Heiliger Dienst 42 (**1988**) 94 * SCHWEIZER, Rolf: „Singet dem Herrn ein neues Lied“ – Gedanken und Erfahrungen eines zeitgenössischen Liederkomponisten, in: Ders., Ritual und Aufbruch. Kirchenmusik zwischen pädagogischem Handeln und künstlerischem Anspruch, hg. von Peter Bubmann, München **1996**, 180–203 * DERS.: Das ist ein köstlich Ding, WEG IV, 35–37 (Liedeinführung) * POSTWEILER, Angela/ LUDWIG, Ulrich: Werkverzeichnis von Rolf Schweizer, Pforzheim, **2001**

Das ist ein köstlich Ding ist ein Psalmlied in Prosa, es folgt – darin Liedern Heinz Werner Zimmermanns verwandt – dem Luthertext[1]. Rolf Schweizer, Schüler Zimmermanns, legt mit diesem Lied nicht nur eine originelle Art vor, dem Psalm (in Gestalt von Luthers Übersetzung) eine Melodie auf den Leib zu schneidern, sondern auch den theologischen Gehalt eines ganzen Psalms in wenigen Worten zu umreißen.

[1] Fassung letzter Hand von 1545, auch in der durchgesehenen Fassung 1964 wie auch 1984 beibehalten (mit Änderung von *Höhester* in *Höchster* und *Harfen* statt *Harffen*).

In seiner biblischen Form trägt Psalm 92 Züge einer weisheitlichen Überarbeitung (Geschick der Gottlosen und Geschick der Gerechten) vom Loblied eines Einzelnen zum Loblied vieler unter instrumentaler Begleitung.[2]

Schweizer[3] übernimmt Psalm 92,2–4 wörtlich, gestaltet die Verse als Refrain (V. 2) und Strophe (V. 3–4). Für die zweite Strophe greift er auf V. 5.6b.9b zurück, die dritte Strophe nimmt Motive aus V. 11aβ.13aα.14b.15b.16aβ auf. Selbst der weisheitliche Topos Frevler/ Gerechte ist präsent, da auf dem positiven Hintergrund (*Die deine Rechte halten* …, Str. 3) ersichtlich ist, dass es auch solche gibt, die das nicht tun.

Luther übersetzt das in seiner Bedeutung weite טוב („gut") zu Beginn des Psalms mit *das ist ein köstlich Ding* und erhöht damit seine Anschaulichkeit. Das Lied atmet Luthers Übertragung, die ersten sechs Silben setzen sich fest – sowohl im Text als auch in der Melodie.

Schweizer teilt das Lied auf in den Kehrvers, der von allen gesungen wird, und die Strophen, die von Einzelnen bzw. dem Chor gesungen werden. Die Aufteilung Kehrvers / Strophen wird vom EG übernommen, nicht aber die Zuweisung zu Einzelnen bzw. Chor. Der Kehrvers besteht aus dem zweifach gesungenen Psalmvers 92,2, die Gottesbezeichnung *du Höchster* kommt erst am Schluss.

Die erste Strophe hängt syntaktisch mit dem Refrain zusammen (d. h.: *Es ist ein köstlich Ding … des Morgens deine Gnade und des Nachts deine Wahrheit [zu] verkündigen*); die beiden anderen Strophen sind selbstständig und zeigen den theologischen Ort des Liedes an: Danken und Lobsingen sind das Thema, was zunächst (Str. 1) an Gottes Gnade und Wahrheit verdeutlicht wird, sodann (Str. 2) an seinen Werken und schließlich (Str. 3) an seiner Zuwendung zu uns; denn wessen Stärke Gott ist, den lässt er nicht nur loben, sondern auch grünen, blühen, leben, was inhaltlich aber an das Loben Gottes rückgebunden ist.

Das stabile tonale Zentrum ist D (ursprünglich F – die Transposition eine kleine Terz tiefer ist sicher ein Zugeständnis an heutige Singmöglichkeiten). Diese Stabilität wird aber gleich in der ersten Zeile aufgebrochen:

[2] Klaus Seybold, Die Psalmen (HAT I/15), Tübingen 1996, 365: „Das deutlich und klar gegliederte Lied ist durch theologische Zutaten in 8b.9(10aα) und 14.15 zu einer Neufassung in fünf Strophen zu je drei Zeilen gekommen. Die Erweiterung, Neueinteilung und Verallgemeinerung machen aus dem Danklied ein Bekenntnis zur Tempelmusik und zum Tempeldienst."

[3] Schweizer nach Meyer, 270: „Es war mir seinerzeit sehr wichtig, Prosatexte aus der Bibel zu finden, die sich als Gemeindegesänge formen lassen. […] Im Falle der weiterführenden Texte dieses Liedes ist zu beachten, daß die diesbezüglichen Eingriffe in den originalen Text in der Lutherübersetzung sehr sparsam sind, so daß es bei diesem Lied auch in den zweiten und dritten Strophen tatsächlich zu einem Rezitieren des originalen Psalmtextes kommt, der nur an wenigen Stellen der rhythmischen Struktur der ersten Strophe angepaßt werden mußte."

Die Quinte des Grundtons wird mit der ersten betonten Taktzeit erreicht, der dem Wort *Höchster* in der vierten Zeile zustehende höchste Ton bereits hier kurz gestreift, die Linie endet auf *c'*, nicht auf dem Leitton. Die zweite Zeile greift das Modell der ersten auf:

Hier baut sich ein h-Moll-Dreiklang auf, der aber nicht auf *fis'* stehen bleibt, sondern die Betonung auf das *g'* lenkt: *deinem Namen.* Der Refrain wiederholt die beiden Zeilen, verkürzt jedoch die zweite Silbe in *Namen*, mit der der Grundton kurz berührt wird, um von ihm aus zur Gottesanrede und -bezeichnung *du Höchster* (prominent bekannt aus 1. Mose 14,18–22, aber auch in den Psalmen, z. B. 78,17.35.56 und 91,1.9) förmlich emporzuspringen, die ihrerseits mit langen Notenwerten hervorgehoben wird:

Die Betonungen zeigen nicht nur, dass der Text so gesungen wird, wie er auch gesprochen würde, sondern akzentuieren auch den Inhalt: *köst*-lich Ding, dem Herren *dan*-ken, lobsingen *dei*-nem Namen, du *Höch*-ster. Diese Beobachtung setzt sich in den Strophen fort, wobei die erste sicher eine Sonderstellung genießt, da ihre Verbindung von Text und Musik sehr innig ist:

Der Morgen erscheint, die Sonne geht auf. Wieder wird die Tonart bzw. das tonale Zentrum D nicht verlassen, aber die kleine Septime zeigt deutlich, dass hier mit Leittönen nicht zu rechnen ist, eher mit einer „blue note"[4], so auch im Folgenden:

Der Sonne am Morgen steht die Nacht mit ihren dunklen, tiefen Tönen gegenüber. Doch Morgen und Nacht treffen sich in der gemeinsamen Verkündigung der Gnade und Wahrheit Gottes. Der Inhalt des Lobens und Dankens

[4] So Rolf Schweizer selbst in Meyer, 270.

sind die bleibende Zuwendung Gottes und seine Verlässlichkeit, die am Morgen und in der Nacht, d. h. am ganzen Tag erfahren wird. Die Verkündigung geschieht nicht nur im Singen, sondern auch im Spielen[5]. *Auf den zehn Saiten und Psalter* formt ähnlich wie die Sonne in der ersten Zeile die ausgestreckte, zum Spielen bereite Hand. Der ganze Tag, der ganze Mensch und die Fülle seines musikalischen Ausdrucks mit der Stimme und den Instrumenten gehen zusammen, wenn es darum geht, Gott zu loben und ihm zu danken.

Die Schlusszeile der ersten Strophe verdient besondere Aufmerksamkeit. Endete die erste Zeile auf *a'*, was im Rahmen eines D-Dur-Dreiklangs nichts Besonderes wäre, und die zweite Zeile auf *e'*, das sich bequem als Ton der Dominante A-Dur ausmachen ließe, so bietet die letzte Zeile folgende Töne:

Erinnerte der Kehrvers in seinen ersten vier Noten den D-Dur-Dreiklang, so klingt diese Zeile in ihren ersten vier Noten nach d-Moll, bietet aber mit den beiden *e'* auf *Harfe* die harmonische Möglichkeit, über A-Dur nach D zurückzukommen. Beachten wir jedoch das Melodiegefälle in Kehrvers und Strophe, so klingt ein akkordisches Gerüst durch[6], in das sich auch die „fremden" Töne gut einordnen lassen. Denken wir uns eine Basslinie D – C – H – A unter die ersten vier Takte, so lassen sich ihr auch die Harmonien D – C – h – A zuordnen. In den Strophen wäre das leicht abgewandelt: D – D^7 (oder C) – B – A – D – D^7 (oder C) – B^{maj7} – A.

Es ist köstlich, dass Gott gedankt und ihm gesungen wird, mehr noch: dass ihm auch gespielt wird. Mit den Instrumenten, die im Tempel, aber auch zuhause anzutreffen sind. Von Lobsängern, die im Tempel wie auch zuhause singen. Die 1. Strophe zeigt das Loben Gottes ohne Pause, Tag und Nacht, wie auch die Güte Gottes Tag und Nacht umschließt und die Bewahrung vor nächtlichen Bedrohungen einschließt[7].

Die zweite Strophe bringt die Werke Gottes[8], seine Gedanken und seine Ewigkeit ins Spiel – drei Themen, die das fürsorgliche Handeln Gottes an seinen Menschen zum Thema und darin ihre Mitte haben. Fast wörtlich über-

[5] Zur Spezifizierung der Instrumente vgl. allgemein Joachim Braun, Music in Ancient Israel/Palestine. Archeological, Written, and Comparative Sources, Michigan/Cambridge 2002, 16.

[6] In dieser letzten Zeile muss der Grundton B hinzugefügt werden, um den Akkord B^{maj7} zu erhalten.

[7] So auch Erich Zenger, Psalmen Auslegungen 3. Dein Angesicht suche ich, Freiburg/Basel/Wien 2003, 146.

[8] Beat Weber, Werkbuch Psalmen II. Die Psalmen 73 bis 150, Stuttgart 2003, 129, bringt den Gedanken ins Spiel, dass mit den Stichworten „gut", „Morgen/Nacht" und „Werke" auf den Schöpfungsbericht in 1. Mose 1 angespielt wird. Das mag sein, doch ist die Intention des Psalms 92 eine andere.

nimmt Schweizer V. 5 samt Anrede, ändert aber behutsam und theologisch bedeutsam das „Ich“ des Beters zum „Wir“ der Nachbeter:

Psalm 92,5	EG 285,2
Denn, Herr, *du lässt* mich *fröhlich singen* *von den Werken* und ich rühme die Taten *deiner Hände.*	*Du lässt* uns *fröhlich singen* *von den Werken*, die *deine Hand* gemacht

Den Ruhm der großen Werke Gottes ergänzt der Psalmbeter mit den Worten *Deine Gedanken sind sehr tief*, womit nicht in philosophische Spekulationen abgeglitten wird, sondern auf Gottes sorgfältige Planung verwiesen wird, die Heil zum Inhalt hat - menschlicher Weisheit nur dann zugänglich, wenn Gott gelobt wird. Toren und Unweise erkennen das nicht, sie vergehen wie das Gras, haben keinen bleibenden Bestand (V. 7f). Gott schon. Der Höchste bleibt ewig, überdauert auch das sinnlose Treiben der Gottlosen. Dass die zweite Strophe mit einem Bekenntnis schließt, bindet sie nicht nur wieder an den Kehrvers (mit demselben Gottesprädikat *du, Höchster*), sondern lässt auch den Mit-Sänger und Nach-Sänger auf der Stufe der Lobenden, der Gerechten und Grünenden stehen, die Gott als den fürsorglichen Gott erkennen, der, obwohl *Höchster*, sich zu den Niedrigsten herab wendet. Gottes Bleiben ist aber auch ein Ausdruck seiner Treue und Güte, die schon in der ersten Strophe besungen wurde.

Das Leben und das Bestehen der Gerechten ist das Thema der 3. Strophe[9]. Schweizer übernimmt das *Grünen und Blühen* des majestätischen Palmbaums und der sprichwörtlich bekannten grünen Zeder vom Libanon und überträgt es (mit Anklang an Ps 1,3?) auf diejenigen, *die deine Rechte halten*[10]. Die Zusage, dass sie nimmer vergehen (wie das Gras = die Gottlosen in Ps 92,8), geht über den Psalm hinaus und nimmt die Gerechten hinein in die Gegenwart Gottes, der *ihre Stärke* ist (Ps 31,5; 89,18 u. ö.).

SIEGFRIED MEIER

[9] Die Baum-Metapher bündelt diese Strophe, auch wenn das Wort „Baum“ gar nicht vorkommt! Das Subjekt (*Die deine Rechte halten* = die Gerechten) bezieht die Strophe aus V. 13a (da noch im Singular: *Der Gerechte wird grünen wie ein Palmbaum*) und möglicherweise aus Gottes als gerecht beschriebenem Handeln in V. 16a (*... dass sie verkündigen, wie der HERR es recht macht*), wenn auch dort ישר statt צדק gewählt wird. *Grünen und blühen* findet sich in V. 13a und V. 15b, *fruchtbar sein* in V. 15c. Die Beständigkeit (*sie werden nimmer vergehen*) paraphrasiert V. 15, während der abschließende Satz *denn du bist ihre Stärke* wohl aus V. 11a (*Aber mich machst du stark wie den Wildstier*) und dem Bekenntnis V. 16b (*er ist mein Fels*) entnommen ist.

[10] Dadurch wandelt er einen statischen Begriff („die Gerechten“) geschickt in ein Handeln.

290 Nun danket Gott, erhebt und preiset

EG 290ö RG 66ö+ KG 520ö+ CG 799ö+ EM 30(ö)

Text

Verfasser Str. 1.3.4.6: Johannes Stapfer/ Christoph Johannes Riggenbach * Str. 2.5.7: Matthias Jorissen **Entstehung** 1952 in der RKG-Kommission als Kompilation des Liedes *Nun danket Gott, erhebt und preiset* von Johannes Stapfer (in: *Die Psalmen und Festlieder für den öffentlichen Gottesdienst der Stadt und Landschaft Bern,* Bern 1775, DKL 1775[02]), der von Christoph Johannes Riggenbach überarbeiteten Fassung des Stapfer-Textes (in: *Ausgewählte Psalmen in großentheils neuer Übersetzung mit den Tonsätzen Claude Goudimels,* Basel 1868) und des Liedes *Dank, dank dem Herrn, du Jakobs Same* von Matthias Jorissen (in: *Neue Bereimung der Psalmen, bestimmt für die reformirten deutschen Gemeinen im Grafenhaag und Amsterdam,* Wesel, Grafenhaag und Amsterdam 1798, DKL 1798[06]) **Vorlage** Ps 105 **Quelle** *Gesangbuch der evangelisch-reformierten Kirchen der deutschsprachigen Schweiz,* Zürich 1952 **Überschrift** *Psalm 105: Nun danket Gott, erhebt und preiset* **Besonderes** Textkompilation s. Entstehung **Strophenbau** A9/4a- A9/4a- A8/4b A8/4b A8/4c A8/4c **Abweichungen** EM: 1,6 nach *Ruhm* statt Punkt Ausrufezeichen; 7,6 nach *Herrn* statt Punkt Ausrufezeichen **Verbindung TM** wie EG * s. a. oben unter Entstehung; Z II,3000 (*Dank, dank dem Herrn, du Jakobssame*; 1853)

Melodie

Incipit 1_345_8_786_5_ **Verfasser** Pierre Davantès **Entstehung Quelle** *Les Pseavmes mis en rime françoise,* Genf 1562 **Ausgaben** Z II,2995; Pidoux I,105a; DKL III/2,Fa86 **Ambitus** G: 8; Z: 884476 **Abweichungen** Sexte tiefer; zu Z. 3 und 4 siehe Kommentar * RG, KG: ¢; Z. 3 u. 4: N 5 Viertel, N 7 Halbe * RG: 4st. Satz (nach Claude Goudimel 1564/65) * EM: 4st. Satz (Werner Schade 1969); keine Pausen am Zeilenende; Z. 3 u. 4: wie RG/KG **Verbindung MT** Q: *Sus, qu'un chacun de nous sans cesse* (Ps 105) * *Nun lobt und dankt Gott allesamen* (A. Lobwasser 1573; s. o. Ausgaben) * *Wir danken Gott für seine Gaben* (unter Wiederholung von Zeile 1 und 2 für den achtzeiligen Text; EG 458/RG 627)

Literatur

HEG II,71f.170–172.310 ** ÖLK Lfg. 6; ThustB, 263f ** Bruppacher (1953) 27f; DKL III (1993–2010)/2, Textbd., 201 ** PRATT, Waldo Selden: The Music of the French Psalter of 1562. A Historical Survey and Analysis with the Music in Modern Notation, New York **1939**, Nachdruck ebd. **1966**, Nr. 105 * AESCHBACHER, Gerhard: Was ist ein gutes Kirchenlied?, MGD 36 (**1982**) 99 * DERS.: Zur Frage der Zeilenendpausen im Genfer Psalter, JLH 29 (**1985**) 145–151, bes. 149f * WEBER, Édith: Die Melodisten des Genfer Psalters: Franc, Bourgeois, Davantès, in: Peter Ernst Bernoulli/ Frieder Furler (Hg.), Der Genfer Psalter – eine Entdeckungsreise, Zürich **2001**, 28f * MARTI, Andreas: Metrische, prosodische und melodische Organisation im Psalm 105 aus dem Genfer Psalter, ebd., 143–152 * MARTINI, Britta: „Nun danket Gott, erhebt und preiset" (Psalm 105). Einige Lektüren von EG 290/KG 520/RG 66, ebd., 153–160

Das vierte Buch der Psalmen (Ps 90–106) wird nach zwei Lobpreisungen auf den gütigen, verzeihenden (Ps 103) und den schöpferisch wirkenden, sein Werk bewahrenden Gott (Ps 104) mit zwei Lobliedern auf den Herrn der Geschichte abgeschlossen. Psalm 105 und Psalm 106 entsprechen sich formal und inhaltlich so stark, dass sie als „Zwillinge“[1] bezeichnet werden. Beide setzen mit Aufrufen zum Gotteslob ein und vergegenwärtigen die Geschichte des Bundespartners JHWH mit dem von ihm erwählten Volk Israel – allerdings je mit unterschiedlichen Akzenten:

Psalm 106 schildert Gottes befreiende Heilstaten in einem weit gespannten Bogen von der kanonischen Ursprungssituation, der Befreiung aus Ägypten bis zum Tiefpunkt des Exils als Geschichte gesteigerter Schuld in Gottvergessenheit und Abfall von Gott (V. 6–39). Darauf reagiert der Ewige zornig (V. 23.29.33.40–42), kommt aber in den Versen 44–46 wieder als Bundespartner in den Blick, der seinen verbürgten Zusagen treu bleibt und die Wende zum Heil herbeiführt.

Psalm 105, der EG 290 zugrunde liegt, reflektiert im Vergleich zu Psalm 106 eine auffallend positive Geschichtswahrnehmung, in der Gott die Geschehnisse durchgehend als Handlungssubjekt bestimmt. Singulär ist diese Geschichtsdarstellung außerhalb des Pentateuch auch hinsichtlich der von den Stammvätern her entwickelten Israel-Perspektive. Psalm 105 ist gattungsgeschichtlich gesehen ein beschreibender Lobpsalm. Als solcher wird er mit zehn imperativischen Aufrufen zum Gotteslob (V. 1–6) eröffnet: Vers 1 (mit der in Psalmanfängen wiederholt begegnenden Todaformel „Preist den HERRN“) und Vers 7 (Anklang an das „Sch’ma Israel“, 5. Mose 6,4) stellen den ganzen Lobpreis in einen universalen Horizont: *Verkündigt sein Tun unter den Völkern,* [...] *er richtet in aller Welt.*

Es folgt der umfangreiche Hauptteil (V. 8–45b) in Form einer narrativ gestalteten Vergegenwärtigung der Geschichte Gottes mit den Stammvätern Abraham, Isaak und Jakob (V. 8–15), einer Geschichte im Zeichen des ungekündigten Bundes *für tausend Geschlechter* (V. 8b). Anschließend wird ausführlich über die Geschichte der Stammväter Josef und Jakob/Israel in Ägypten berichtet (V. 16–23), die Erfolgs- und Leidensgeschichte des erstarkenden Volkes, die Verstockung der Ägypter (V. 25), die Entsendung von Mose und Erwählung Aarons (V. 26), die zehn Plagen (V. 27–36) und die Wende zu Israels Befreiung (V. 37f), die den Weg durch die Wüste ins verheißene Land eröffnet (V. 39–44). Den Abschluss bilden die Erinnerung an Gottes Weisungen zum Leben (V. 45a.b) und der kurz gefasste Aufruf zum Lobpreis des Ewigen, *Halleluja* (V. 45c).

Auffallend großen Raum nimmt die Schilderung der Epoche der Stammväter

[1] Frank-Lothar Hossfeld, in: Ders./Erich Zenger, Psalmen [III:] 101–105, Herders Theologischer Kommentar zum Alten Testament. Freiburg i. Br. 2008, 110–114. – Klaus Seybold, Die Psalmen. Eine Einführung, Stuttgart 1986, 128. – Martin Leuenberger, Konzeptionen des Königtums Gottes im Psalter. Untersuchungen zu Komposition und Redaktion der theokratischen Bücher IV–V im Psalter. Abhandlungen zur Theologie des Alten und Neuen Testaments Bd. 83, Zürich 2004, 193. – Walter Zimmerli, Zwillingspsalmen, in: Ders., Studien zur alttestamentlichen Theologie und Prophetie. Ges. Aufsätze Bd. II, München 1974, 261–271.

ein (V. 8–41). Dem in den Versen 8–10 explizit genannten Bund, dem der Bundespartner Gott ewig treu bleibt (V. 10), entspricht in Vers 42 der summarische Hinweis auf die Erfüllung des niemals gekündigten, vielmehr zu allen Zeiten bekräftigten „heiligen (Bundes-)Worts“ (V. 42–44).

Die Rezeptionsgeschichte des umfangreichen, in vielen Sprachen verbreiteten Genfer Lied-Psalms 105 belegt die Lebenskraft dieser Psalmparaphrase: Théodore de Bèze hatte ursprünglich den gesamten Psalm für den Genfer Psalter 1562 in 24 sechszeilige Strophen gefasst. Dieser Vorlage in hohem Maße entsprechend überträgt Ambrosius Lobwasser (1565) 1573 den kompletten Textbestand des französischen Psalms 105 in 24 deutsche Strophen.[2] Noch Matthias Jorissen wahrt 1798 in seiner Neuübertragung *Dank, dank dem Herrn, du Jakobs Same* das Psalmganze, nachdem der Berner Johannes Stapfer den Liedpsalm schon 1775 auf 13 Strophen verkürzt hatte: *Nun danket Gott, erhebt und preiset.*

Für den Probeband des RKG (Pb Nr. 20)[3] wurde eine noch kürzere Fassung geschaffen, die nur noch Teile des Beginns sowie den Schluss des Psalms umfasste und zusammengesetzt war aus vier Strophen von Stapfer – den heutigen Strophen 1.3.4.6 mit Retouchen, die Christoph Johannes Riggenbach 1868 vorgenommen hatte[4] – und der Schlussstrophe aus Jorissens Übertragung (1793) 1798. Diese Liedfassung liegt dem vorliegenden Psalmlied zu Grunde. Die Kommission für das RKG 1952 fügte an zweiter und an fünfter Stelle Jorissens Strophen 2 und 21 ein, beide in bearbeiteter Form.[5]

Diese siebenstrophige Textkompilation fand in der Schweiz seit 1952 durch das Reformierte Kirchengesangbuch (RKG 29) weite Verbreitung. Nachdem die AÖL die Genfer Melodie zu Psalm 105 in der geglätteten Fassung, d. h. ohne Antizipationen in den Zeilen 3 und 4, 1983 im Kinderliederbuch „Leuchte, bunter Regenbogen“ bereits zum Tischlied *Wir danken Gott für seine Gaben* (LbR 247, RG 627, vgl. EG 458) publiziert hatte, nahm sie 1984 auch den Text des vorliegenden Psalmliedes in der RKG-Fassung in die bisher nicht publizierte ö-Liste II (Nr. 97) auf. Von dort fand es mit geringfügigen, tolerierten Abweichungen den Weg in die wichtigsten neuen Gesangbücher im deutschsprachigen Raum.[6]

[2] Siehe Ambrosius Lobwasser, Der Psalter deß Königlichen Propheten Davids, Leipzig (1573) ^{2}1576; Faks, Hildesheim 2004.

[3] Probeband. Gesangbuch der evangelisch reformierten Kirchen der deutschen Schweiz, Zürich, o. J. (1941), Vorauspublikation zum Deutschschweizerischen Reformierten Kirchengesangbuch (RKG 1952).

[4] Betrifft 3,6: *Ich lass euch erben Kanaan* (statt *das Erb des Landes Kanaan*); ferner 4,1.3: *Das tat der Herr* [...] *Er führt an seiner* (statt *Der Herr tat es* [...] *Er führt mit seiner*).

[5] Str. 2 erfuhr nur leichte Veränderung (2,2: *Der Herr ist groß* statt *Er, er ist groß*; 2,3: *Sucht doch* statt *Sucht, sucht*; 2,4: *Den, der ihn sucht, verlässt er nicht* statt *O Er verlässt den Sucher nicht*). Strophe 5 dagegen erhielt in den Zeilen 1–5a eine neue Gestalt, unter Aufgabe von Jorissens prächtigen Bildern: „*Gott* gab *des Tags* dem lieben *Volke /* zum Sonnenschirme seine *Wolke./* Sein Feuer ward des Nachts ihr Licht./ Sie baten, Er entzog sich nicht./ Gab Wachteln *durch sein Machtgebot / und speiste sie mit Himmelsbrot.*“ (Z. 1 ist jetzt in Anlehnung an Stapfer formuliert: *Gott zog einher vor seinem Volke.*)

[6] KG, RG und CG sind in Text und Melodie identisch. Das EG 290 zeigt in den Zeilen 4 und

Beim Vergleich des ursprünglichen Textbestandes von Psalm 105 mit dem auf sieben Strophen reduzierten Psalmlied fällt als Erstes auf, dass die Geschichte der Stammväter Josef und Jakob/Israel in Ägypten, die Aufzählung der zehn Plagen und der Exodus (V. 16–38) ausgeblendet werden. Die Beschränkung auf weniger als die Hälfte des Psalmtexts erhöht allerdings die Chance, dass dieses Psalmlied singenderweise als Ganzes wahrgenommen wird.

Zu beklagen ist der Verzicht auf die explizite Erwähnung der drei Stammväter, für die stellvertretend *Abram* (Abraham) genannt wird (Str. 6,2). Während Psalm 105,10.23 noch um den Zusammenhang des Volksnamens *Israel* („Gottesstreiter") mit dem Stammvater Jakob (1. Mose 32,29) weiß, begegnet der Name *Israel* in Str. 3,1, verknüpft mit den an die Stammväter ergangenen Verheißungen (3,5.6), als Anrede an das zuerst erwählte Bundesvolk. Durch die Konzentration auf die gewichtigen Passagen zu Beginn und am Schluss des Psalms wird die darin mehrfach unterstrichene Vergegenwärtigung der unverbrüchlichen Treue des Bundespartners Gott umso stärker herausgestellt.

Diese bildet die Kernaussage des Psalms. Als hermeneutische Schlüsselstellen erweisen sich die Verse 5–10 und 42–45, in welchen die Linie von den allen Nachkommen Abrahams geltenden Verheißungen bis hin zu deren Erfüllung ausgezogen wird. „Wir sollten diese übergreifende Einheit von Altem und Neuem Bund nicht nur bedenken, sondern wie Israel Psalm 105 als ein auch unsere Ursprünge feierndes und vergegenwärtigendes Wort beten"[7] bzw. mit dem vorliegenden Psalmlied singend beten!

Strophe 1 gibt die für den Beginn des beschreibenden Lobpsalms typischen pluralen Imperative (Ps 105,1–3) wieder mit: *danket – erhebt – preiset – zeiget an – besinge.* Dabei handelt es sich keineswegs um eine bloß zufällige Aufreihung, vielmehr um die Entfaltung des facettenreichen, stets verkürzt verwendeten Aufrufs „Hallelu-JAH/Lobt ihn" (V. 45c), durch den der Psalm redaktionell mit den benachbarten Psalmen 104,35d und 106,1a.48d verknüpft ist.[8]

Alle genannten Imperative richten sich an das zuerst erwählte Volk Gottes im Blick auf die Völkerwelt (V. 1b: *zeiget allen Völkern an* in 1,3). So benannte Johannes Stapfer (ihm folgend auch noch Pb 1941, Nr. 20) in Strophe 1,5 den ursprünglichen Adressaten des Psalms 105 explizit: *O Israel, sein Eigentum.* Seit RKG 1952 ist die Fassung *O Volk des Herrn, sein Eigentum* eingesungen – keinesfalls in der gelegentlich noch vertretenen irrigen Meinung, im „Neuen Bund" würde die christliche Gemeinde bzw. die Kirche das Volk des Alten Bundes als Träger der Verheißung ablösen. Im hebräischen Psalm wird das vor allen Völkern erwählte Bundesvolk vor dem Horizont der Völkerwelt (V. 1b) mit ausdrücklichem Hinweis auf den niemals gekündigten Bund angesprochen,

5 die ursprüngliche Melodiefassung (Noten 4–7: Viertel–Halbe–Halbe–Viertel). EM 30 verzichtet auf die für den Genfer Psalter charakteristischen Zeilenendpausen.

[7] Alfons Deißler, Die Psalmen, Düsseldorf [6]1989, 416. Vgl. auch Hans-Joachim Kraus, Die Psalmen. Biblischer Kommentar. Altes Testament (BK XV/2), [5]1978 Neukirchen-Vluyn, 895f.

[8] Vgl. dazu ausführlich, in Verbindung mit der Todaformel: Martin Leuenberger (Anm. 1), 206–209.

dessen Gott ewig gedenkt (V. 8.10). In dieser Perspektive darf sich die christliche Gemeinde in ihrem Psalmlied als nachträglich hinzugekommener Teil des Gottesvolkes angesprochen wissen (Röm 9–11). Niemand hat dies in den dunkelsten Jahren der Neuzeit klarer zur Sprache gebracht als Martin Buber am 14.1.1933 im Jüdischen Lehrhaus in Stuttgart im Zwiegespräch mit dem evangelischen Theologen Karl Ludwig Schmidt: „Die Gottestore sind offen für alle. Der Christ braucht nicht durchs Judentum, der Jude nicht durchs Christentum zu gehen, um zu Gott zu kommen."[9]

Strophe 2 folgt dem zweiten Teil der hymnischen Einleitung (Ps 105,4–6) mit drei weiteren Imperativen *fragt – sucht – denkt.* Hier wird das den ganzen Psalm prägende Spannungsmoment „Verheißung – Erfüllung" auf den Punkt gebracht: *Denkt an die Wunder, die er tat,/ und was sein Mund versprochen hat* (2,5.6).[10] Dem Psalm entsprechend wird diese Aussage am Schluss des Liedes in Str. 6,1.2 und 7 aufgenommen und nochmals entfaltet.

In Strophe 3 wird Israel explizit angesprochen. Wer spricht hier zu wem? Johannes Stapfer trägt die Anrede *Israel* an dieser Stelle mit guten Gründen ein, denn in Vers 7 klingt das jüdische Glaubensbekenntnis an: „Sch'ma Israel" (*Höre, Israel: Der Herr, unser Gott, ist der einzige Herr*; 5. Mose 6,4). Und auch im weiteren Zusammenhang dieser Strophe wird deutlich, dass der Adressat das zuerst erwählte Volk dieses Namens ist: ... *er denket ewig seines Bunds / und der Verheißung seines Munds,/ die er den Vätern kund getan:/ Ich lass euch erben Kanaan* (3,3–6). Zwar werden die Stammväter hier nur summarisch erinnert im Zusammenhang mit der an sie ergangenen Verheißung der Landgabe Kanaan, doch verbürgt die von Verheißung und Erfüllung geprägte Geschichte Israels exemplarisch die allen Völkern geltende Bundestreue des Ewigen.

Genau davon ist in Strophe 4 die Rede, welche an die Wanderungen der Stammväter erinnert, an deren Erfahrungen als Minorität unter Fremden (V. 12), ihr Unterwegssein von einem Volk zum andern (V. 13) und ihr Bewahrtwerden auf Wegen in der Gefahr (V. 14f).

Strophe 5 springt – unter Ausklammerung des in Psalm 105,16–38 ausführlich geschilderten Exodusgeschehens – direkt in die Zeit der Wüstenwanderung. Mit keinem Wort erwähnt werden Entbehrungen, Ungeduld, Rebellion; nicht einmal

[9] Martin Buber, Die Stunde der Erkenntnis. Reden und Aufsätze 1933–1935, Schocken/Berlin 1936, 167. Aus Platzgründen kann die eindrückliche narrative Passage hier nicht vollumfänglich wiedergegeben werden. Buber vergleicht die jüdische Existenz mit dem Wirrwarr des jüdischen Friedhofs zu Worms, im Angesicht des herrlich harmonischen Doms: „Ich habe da gestanden und habe alles selber erfahren: All die Asche, all die Zerspelltheit, all der lautlose Jammer ist mein; aber der Bund ist mir nicht aufgekündigt worden. Ich liege am Boden, hingestürzt wie diese Steine. Aber aufgekündigt ist mir nicht. [...] Der Dom ist, wie er ist. Der Friedhof ist, wie er ist. Aber aufgekündigt ist uns nicht worden" (ebd. 165). Zit. n. Helmut Zwanger, Albrecht Goes. Freund Martin Bubers und des Judentums. Eine Hommage, Tübingen 2008, 24. Die oben genannte Passage ausführlich ebd., 23f.

[10] Dieses Spannungsmoment kommt im Psalmlied mehrfach zum Tragen: „Verheißung" in 2,6; 3,4; 6,4; „Erfüllung" in 1,4; 2,5; 4,1; 6,1.2.

Mose und Aaron, die Anführer des Wüstenzugs (vgl. V. 26), werden genannt. Der befreiende und bewahrende Gott selber weist den Weg. Des Tags verhüllt von der Wolke, des Nachts im Feuerschein verborgen, zieht er voran und erhält das Volk mit Quellwasser und Manna am Leben. Auch hier gibt das Lied die Intention des Psalms präzis wieder: Handelndes Subjekt ist gemäß Psalm 105 vom Anfang bis zum Schluss der Bundespartner Gott.

Strophe 6 nimmt das zentrale Thema des schon in der dritten Strophe vergegenwärtigten ewigen Bunds auf. Hier wird Abraham, der „Prototyp des Glaubens" (Röm 4; Gal 3), ausdrücklich genannt, und zwar mit seiner ursprünglichen Namensform *Abram* (1. Mose 11,26–17,5). Die Beziehung Gottes zu Abraham ist konstitutiv für unser Glauben und Hoffen, unser Zusammenleben und Handeln heute. Mit *Gebot* sind die zehn befreienden Wegweisungen zum Leben gemeint, von denen auch die folgende, letzte Strophe mit der Formel *Recht und Gesetz* spricht.

Auf die sechste Strophe, die bei Stapfer das Psalmlied beendete, folgt die Schlussstrophe von Jorissen. Sie wendet sich wieder an die singende Gemeinde: *O seht!* Diese wird an die vorausgegangene Lobpreisung von Gottes exemplarischem Heilshandeln an Israel erinnert und dazu eingeladen, der menschenfreundlichen Wegweisung Gottes (6,5.6; 7,4) nachzuleben. Der letzte Satz, *Gelobet sei der Nam des Herrn*, ist eine poetisch geformte Übertragung der hebräischen Kurzformel des Gotteslobs „Hallelu-JAH" – Lobt den HERRN! (V. 45c).

Das Lied zum Geschichtspsalm 105 erinnert deutlich wie kaum ein anderes Psalmlied an Gottes ewigen Bund mit Israel und gehört darum nach wie vor zum Repertoire der singenden Gemeinde. Doch mutet der Text nicht gar antiquiert an? Herrscht Gott wirklich über diese von Unrecht, Zerstörung, Hunger gegeißelte Erde? Kann er im Ernst als „Herr der Geschichte" besungen werden? Arnim Juhres Warnung, „Ihr Menschen auf der Erde,/ jubelt nicht unbedacht / heute dem und morgen jenem zu!", bleibt ein aktuelles herrschaftskritisches Anliegen.[11] In seiner Annäherung an Psalm 105 weist Kurt Marti auf die Grundproblematik hin: „Längst schon werden keine Geschichtspsalmen mehr, allenfalls noch ‚politische Psalmen' gedichtet."[12] Tatsächlich wird diese Feststellung durch die einschlägigen neueren Anthologien zum Thema „Gott" erhärtet.[13] Marti ortet die Wurzel der Schwierigkeiten, heute noch „von Gott als dem

[11] Arnim Juhre, Jubelt nicht unbedacht, in: Ders.: Die Ungeborenen schlagen Alarm. Gedichte – Psalmen – Lieder, München 2003, 52f. Juhre prägte diese Warnung im Zuge von Arbeiten am neuen Lied Mitte der 1960er-Jahre und zitiert sie ein Jahrzehnt später in der daraus hervorgegangenen Dokumentation „Singen, um gehört zu werden. Lieder der Gemeinde als Mittel der Verkündigung" (hg. v. Arnim Juhre, Wuppertal 1976, 7).

[12] Kurt Marti, Die Psalmen. Annäherungen, Stuttgart 2004, 323.

[13] Paul Konrad Kurz, Psalmen vom Expressionismus bis zur Gegenwart, Freiburg i. Br. 1978; ferner die von Kurz herausgegebenen Sammlungen: Der Fernnahe. Theopoetische Texte, Mainz 1994; Gott in der modernen Literatur, München 1996; Höre, Gott! Psalmen des Jahrhunderts, Zürich/Düsseldorf 1997; Ich höre das Herz des Himmels. Moderne Psalmen, Düsseldorf 2003; Unsere Rede von Gott. Sprache und Religion. Literatur – Medien – Religion Bd. 10, Münster 2004. – Helmut Zwanger (Hg.): GOTT im Gedicht. Eine Anthologie zur deutschsprachigen Lyrik von 1945 bis heute, Tübingen 2007.

‚Herrn der Geschichte‘ zu reden, einerseits in der Irrelevanz abstrakter und formelhafter Geschichtstheologien, andererseits im katastrophalen Kulturabbruch der Schoah. ‚Nach Auschwitz haben die Worte ihre Unschuld verloren‘, schreibt Elie Wiesel – und nicht allein die Worte, auch die Begriffe, zumal die der christlichen Theologie.“[14] All diesen Fragen hat sich ein achtsamer Umgang mit dem vorliegenden Psalmlied zu stellen.

HANS-JÜRG STEFAN

Die Melodie zu Psalm 105, von „Maître Pierre“, vermutlich Pierre Davantès (um 1525–1561), für die Psalter-Ausgabe von 1562, die letzte Etappe des Genfer Psalters, geschaffen, lässt besonders gut erkennen, wie Text und Musik im französischen Psalter zusammenwirken. Es ist ein spannungsvolles Zusammenspiel, das anderen Regeln folgt, als sie im deutschen Kirchenlied jener Zeit zu beobachten sind.

Während das Deutsche dazu neigt, mit seinen starken und meist auf der bedeutungstragenden Stammsilbe der Wörter liegenden Betonungen den Rhythmus und die Melodieführung unmittelbar zu beeinflussen, kann sich das Französische mit seinen schwach ausgeprägten Wortakzenten und den nicht streng festgelegten Silbenlängen ein distanzierteres, artifizielles Verhältnis von Text und Melodie leisten.[15]

Dies betrifft zuerst die Rhythmik. Bekanntlich verwenden die Genfer Melodien nur zwei Notenwerte: lang und kurz (in heutiger Notation Halbe und Viertel). Es fehlen Punktierungen, dreizeitige Strukturen und die Unterteilung des kürzeren Wertes (in heutiger Notation Achtel). Die Beschränkung auf lang und kurz ist bekannt aus der Praxis der humanistischen Odenvertonung,[16] bei der man Melodien zu antiken Gedichten schuf und deren Versstruktur, gebildet aus bestimmten Abfolgen von langen und kurzen Silben (Quantität), direkt in Notenwerte übersetzte. Diese Melodien bezeichnete man als „mesuré à l’antique“. Wenn nun in ähnlichem Stil französische Gedichte vertont wurden, gab es solche Vorgaben für lange und kurze Noten nicht. Diese konnten frei verteilt werden, und die Melodien wurden als „non mesuré à l’antique“ bezeichnet. Zu beachten galt es lediglich den Hauptakzent am Ende jeder Zeile, den „accent final“[17]: Bei unbetont endenden Zeilen liegt er immer auf der zweitletzten, d. h. der letzten betonten Silbe, bei betont endenden auf der letzten oder der drittletzten, d. h. der letzten oder zweitletzten betonten Silbe.

[14] Marti (Anm. 12), ebd.

[15] „Le vers français est déterminé par le nombre de ses syllabes et par la place fixe de l’accent à la fin du vers, un deuxième accent fixe existant à l’intérieur d’un vers long. A part cela, les autres accents se répartissent librement à l’intérieur du vers.“ W. Theodor Elwert, Traité de versification française, Paris 1965, § 26, zit. nach Aeschbacher (s. Anm. 17), 60.

[16] Édith Weber, Le style „Nota contra Notam“ et ses incidences sur le Choral Luthérien et sur le Psautier Huguenot, JLH 32 (1989) 73–93.

[17] Vgl. Gerhard Aeschbacher, Über den Zusammenhang von Versstruktur, Strophenform und rhythmischer Gestalt der Genfer Psalmlieder, JLH 31 (1987/88) 53–71.

In der Melodie von Psalm 105 ist dieser Endakzent deutlich realisiert.[18] Die Zeilen 1 und 2 enden unbetont; die zweitletzte Note ist lang und hebt sich so von den vorangehenden kurzen Noten ab; melodisch erfolgt die Entlastung auf die letzte Silbe hin durch die fallende Sekunde. In den betont endenden Zeilen 3 und 4 ist die Schlussnote die einzige lange Note, bei der eine betonte Textsilbe auf den Grundpuls (in Halben) fällt. Die Zeilen 5 und 6 enden ebenfalls betont und schließen beide mit einem Terzabstieg auf langen Noten, die auf eine Reihe von kurzen Noten folgen. Der Hauptakzent kann damit sowohl auf der ersten der langen Noten als auch auf dem Zielton der Melodiebewegung liegen.

Lässt sich dergestalt für die Zeilenenden ein enger Zusammenhang von Versakzent, Rhythmus und Melodieführung feststellen, zeigt sich im Zeileninneren ein anderes Bild. Die Silbenordnung ist in der französischen Bereimung des Psalms 105 grundsätzlich jambisch; im Formschema wechseln betonte und unbetonte Silben regelmäßig ab, wobei jede Zeile theoretisch unbetont beginnt. Wegen der schwach ausgeprägten französischen Wortbetonungen ist dieses Formschema jedoch sehr oft schon in der Sprache nicht voll realisiert – mit Ausnahme des oben diskutierten Hauptakzents am Zeilenende.

Der französische Psalmliedtext lässt einige unbetonte Silben (vor allem Silben mit dem „*e* muet") auf Stellen fallen, die im Versschema betont wären (im Folgenden kursiv, Zeilen 1.2.4), andere Silben auf betonter Stelle tragen im Prosavortrag keine Betonung (im Folgenden unterstrichen, Zeilen 2.3):

Sus, *que* chacun de nous sans cesse
lou*e* du Seigneur <u>la</u> hautesse.
Que <u>son</u> saint nom soit reclamé,
soit entre *les* peu*ples* semé,
le renom grand et précieux
de tous ses gestes glorieux.

Gegenüber einem bereits sprachlich relativierten Versschema kann sich der Melodierhythmus problemlos noch weiter emanzipieren. Dies zeigt sich bei Psalm 105 in der unterschiedlichen Verteilung von langen und kurzen Noten im Inneren der verschiedenen Zeilen; der typische lange Zeilenbeginn hat nicht Betonungs-, sondern Auftaktfunktion, indem er bewirkt, dass die im Metrum betonte zweite Silbe auf einen Schlag des Grundpulses fällt.

Eine weitere Relativierung der metrischen Ordnung steuert in der ersten Zeile schließlich die Melodie bei. Der deutlich hervorgehobene Spitzenton liegt hier auf der sowohl metrisch wie textlich unbetonten Silbe *de* – wohl eines der deutlichsten Beispiele für das eher lockere Wort-Ton-Verhältnis im Genfer Psalter.

Dieses distanzierte Verhältnis bietet für die Nachdichtung der Psalmlieder in anderen Sprachen sowohl Vorteile als auch Gefahren. Die Vorteile liegen

[18] Anweisung zur Psalmen- und Choral-Musik, § XV: „Zu wünschen wäre auch, daß alle Noten, ausser der letzten, oder den zwey letzten einer Linie, gleich gesungen würden, weil sonst, anderer Ursachen zu geschweigen, die Beobachtung der ganzen und halben Noten, bey den meisten ihrer Erbauung hinderlich seyn kann" (Berner Psalmenbuch 1775, zitiert nach einem Nachdruck von 1827).

auf der Hand: Auch eine Sprache mit völlig anderen als den französischen Strukturen kann sich dieser Melodien bedienen, ohne sie gegen ihre Intention behandeln zu müssen. Es kann jedoch für Sprachen wie das Deutsche, das stärker ausgeprägte Akzente verwendet, problematisch werden. Wenn Versakzent, Sprachakzent, Melodierhythmus und melodische Hervorhebungen nicht übereinstimmen, wird ein Aspekt auf Kosten der anderen bevorzugt oder zu Gunsten anderer in den Hintergrund gestellt.

Zeile 1 unseres Textes zeigt das deutlich. Sprach- und Versakzent stimmen zwar zusammen (*Nun dán-ket Gótt, erhébt und préiset*), doch wirkt sich die melodische Hervorhebung der unbetonten fünften Silbe *er-[hebt]*, verstärkt durch die lange Note, im Deutschen wesentlich stärker aus als im betonungsneutraleren Französischen. Ambrosius Lobwasser hatte sich für seine Nachdichtung (Erstdruck 1573) im Dilemma zwischen Versakzent und melodischer Betonung für letztere entschieden: *Nun lobt und dankt Gott allesam(m)en.* Beim bloßen Lesen erzeugt das Wort *Gott* auf der unbetonten Silbe eine Akzentuierung entgegen dem Versakzent, eine „Tonbeugung". Es zeigt sich aber gerade an diesem Beispiel, dass Lobwasser die später oft getadelte Missachtung des Versakzents offenbar da und dort mit Rücksicht auf die Melodie, ihren Rhythmus und ihre Führung bewusst vorgenommen hat. „Nach französischer Reimen Art", wie es oft in den Titeln der Psalterausgaben heißt, kann darum mehr bedeuten als die bloße Übernahme der Strophenformen und Melodien.

Nach der Diskussion der metrischen und rhythmischen Verhältnisse soll noch ein Blick auf die Melodieführung im Gesamten geworfen werden. Hier zeigen sich deutlich drei Zeilenpaare, deren äußere (Zeilen 1 und 2 bzw. 5 und 6) einen großen Ambitus beanspruchen, während das mittlere, die mit Ausnahme des ersten Tons identischen Zeilen 3 und 4, in der Mitte des Tonraums verharrt, wie abwartend, dass die große Bewegung des Anfangs wieder aufgenommen wird. Unterschiedlich sind die Beziehungen innerhalb der Zeilenpaare: Neben der (Fast-)Identität beim mittleren Zeilenpaar stehen eine ungefähre Symmetrie der Bewegung im ersten Paar und eine Parallelverschiebung im dritten. Nur angemerkt sei, dass der Leitton am Ende der Zeilen 3 und 4 in den alten Drucken natürlich nicht notiert ist, dass er aber gemäß damaliger Aufführungspraxis der „musica ficta" (der „gedachten", d. h. nicht notierten Musik) trotzdem gesungen wurde. Belegen lässt sich das beispielsweise anhand der Lautentabulatur des Adrien Le Roy (1567),[19] die in ihrer Griffnotation die Leittonerhöhungen der „musica ficta" getreulich abbildet – es gibt in der ganzen Ausgabe übrigens viel mehr solcher Erhöhungen, als wir aus heutiger Sicht vermuten würden; in Psalm 105 ist sogar schon der dritte Ton als Leitton zum vierten erhöht.

Andreas Marti

[19] Adrien Le Roy, Psaumes (1567), édition et transcription par Jean-Michel Noailly, Paris 1993, Psalm 105, 170f.

301 Danket Gott, denn er ist gut

EG 301ö GL2 402ö RG 90ö (91ö) KG 186ö CG 810ö

Text

Verfasser nach Christoph Johannes Riggenbach **Entstehung** 1970 in der Kommission für das erste katholische Einheitsgesangbuch (GL1) **Vorlage** Ps 136 * *Lobt den Herrn, denn was er thut* aus: *Ausgewählte Psalmen in großentheils neuer Übersetzung mit den Tonsätzen Claude Goudimels* (Christoph Johannes Riggenbach), Basel 1868 **Quelle** *Die Feier der Karwoche. Publikation zum Einheitsgesangbuch, EGB 5* (Paul Nordhues, Alois Wagner), Wien/Freiburg 1970 **Liturgische Einordnung** Osterzeit **Strophenbau** 7/4a 7/4a R: 7/4b 7/4b vgl. Frank 4.42 **Abweichungen** Kehrvers: *Sein Erbarmen trägt die* Zeit; ohne Str. 12 (Wiederholung von Str. 1) **Verbindung TM** wie EG * mit chinesischer Melodie (EG 454) in RG 91

Melodie

Incipit 1_1_45678_ **Verfasser** Pierre Davantès **Quellen** *Les Pseavmes mis en rime françoise,* Genf 1562 **Ausgaben** Pidoux 1962, 136a; Z I,1181; DKL III/2 Fa108 **Ambitus** G: 8; Z: 8545 **Abweichungen** Quinte tiefer * RG, CG: mit 4st. Satz (nach Claude Goudimel 1564/65) * GL2 Ton tiefer **Verbindung MT** Q: *LOuez Dieu tout hautement* (Th. Bèze; Ps 136) * *Lobt den Herren inniglich* (A. Lobwasser 1573; s. o. Ausgaben) * *Lobt den Herrn mit heller Stimm* (Ph. zu Winnenberg; 1588) * *Danket Gott mit Lobgesang!* (J. Stapfer; 1775) * *Dank't dem Herrn mit frohem Muth* (M. Jorissen; 1793/98) * *Volk des Herrn, erhebe dich* (Chr. G. Barth 1864; RKG) * *Lobt den Herrn, denn was er thut* (Chr. J. Riggenbach; 1868, s. o. Text/Vorlage) * weitere nach Z I,1181: *Himmel, Erde, Luft* etc.; *Jesu, meiner Seelen Ruh*; *Gott sei Dank durch alle* etc.

Literatur

HEG II, 71f.255 ** WGL1 II, 345f; ÖLK Lfg. 6; ThustB, 272f ** NSKA 8 (1972) 43 ** QUACK, ERHARD: Die Kirchenlieder im Karwochenheft des EGB, MuA 24 (**1972**) 9–12 (bes. 12) * PIDOUX, Pierre: Vom Ursprung der Genfer Psalmweisen, MGD 38 (**1984**) 53f * STEFAN, Hans-Jürg: Psalmengesang der reformierten Kirchen ‚Genfer Psalter' oder ‚Hugenottenpsalter', WEG IV (**1997**) 20–26 (bes. 20) * DERS: Psalmen im Reformierten Gesangbuch. Vom Liedpsalm zu Psalmgesängen in mannigfaltigen Formen, in: Psalmen, WGB 3, **2000**, 56–67, bes. 61.63f * FISCHER, Michael: „Danket Gott, denn er ist gut." Der 136. Psalm – ein Osterpsalm, MS 129 (**2009**) 183f

Die Psalmen der Hebräischen Bibel bilden in der Gottesdienst- und Gebetspraxis der jüdischen Gemeinde bis heute ein tragendes Element. So gehört Psalm 136, der unserem Lied zu Grunde liegt, zu den sechzehn Psalmen, die jede Woche am Schabbat-Morgen gebetet werden.[1] Als „Großes Hallel" (Großer

[1] Es sind dies die Psalmen 30, 19, 34, 90, 91, 135, 136, 33, 92, 93, 145–150, vgl. Siddur Schma Kolenu, ins Deutsche übersetzt von Raw Joseph Scheuer, Basel/Zürich 1997, 292ff.

Lobpreis) wird er jeweils auch zu Pessach, der zentralen Feier des jüdischen Festkreises, am Seder-Abend im Anschluss ans „Ägyptische Hallel" (Psalmen 113–118) rezitiert. Psalm 136 wird in der traditionellen jüdischen Auslegung als „Das große Tatenlob" bezeichnet, „weil darin Gott in der Höhe des Weltalls thront und jeglichem Geschöpf Nahrung zuteilt."[2] Nach diesem Verständnis bringt der vorletzte Vers des Psalms (V. 25) die Hauptaussage, auf die alle übrigen Verse hinzielen: *Der Speise gibt allem Fleisch.*[3]

Mit dem „Großen Hallel" rühmt die israelitische Gemeinde den Ewigen (V. 1) im Gegenüber zu den *Göttern* (V. 2) als den *Herrn aller Herren* (V. 3), was durch die (im Blick auf den gesamten Psalter) einzigartige Struktur des Psalms kräftig unterstrichen wird: Von der ersten bis zur letzten Doppelzeile folgt auf die wechselnden Aussagen der ersten Vershälfte in der zweiten der feststehende Antwortruf *denn auf ewig [währt] seine Güte/Liebe* (hebr.: ki le'olam chasdo). Diese responsorische Verszeile bezeugt „als Ostinato die Beständigkeit von JHWHs ‚chäsäd' ‚Gnade' von der Schöpfung über die Heilsgeschichte bis hin zur Solidaritätsäußerung gegenüber den Elenden"[4]. Die unterschiedlichen Übertragungen des Begriffs „chäsäd" spiegeln sein breites Bedeutungsspektrum: Erbarmen, Freundlichkeit, Gnade, Güte, Huld, Liebe, Treue – oder freier: Verbundenheit, Zuwendung (vgl. Anm. 10). Im gottesdienstlichen Vollzug des Antwortrufs verwirklicht die feiernde Gemeinde den an sie ergangenen Aufruf (V. 1: *Danket dem Herrn* ...), der aus anderen Psalmen vertraut ist, dort aber nirgends in der vorliegenden Konsequenz umgesetzt wird.[5]

Die Psalmenforschung weist im Detail das Wachstum dieses Textes nach,[6] der im Kern eine konzentrierte „Hymnische Liturgie" (Kraus) mit litaneiartigem Antwortruf darstellt: V. 1–3 bieten einen dreifachen Aufruf zur Rühmung des Ewigen. Der Gottesname JHWH wird nur einmal genannt (V. 1a)[7], danach entfalten die Verse und der Psalmschluss den Lobpreis des Ewigen als den

[2] Talmud, Pessachim 118a, nach: Seder Tehillim/Psalmen, übersetzt und erläutert von Samson Raphael Hirsch. Morascha, Basel/Zürich 1995, 688.

[3] Vers 25 ist in diesem Psalm „seiner grammatischen Form nach der einzige, der eine direkte Aussage enthält: ‚notén lächäm' (er gibt Nahrung). Alle andern sind von der Aufforderung ‚hodu' (Preist/Danket) abhängig" (ebd.).

[4] Beat Weber, Werkbuch Psalmen II. Die Psalmen 73 bis 150, Stuttgart 2003, 330.

[5] Ps 106,1; Ps 107,1; Ps 118,1.29; 1. Chr 16,34; 2. Chr 20,21b; Jer 33,11.

[6] Frank Crüsemann, Studien zur Formgeschichte von Hymnus und Danklied in Israel. Wissenschaftliche Monographien zum Alten und Neuen Testament 32, Neukirchen-Vluyn 1969, 74ff. – Frank Lothar Hossfeld/ Erich Zenger, Psalmen 101–150, Herders Theologischer Kommentar zum Alten Testament, Freiburg i. Br. 2008, 672–684. – Hans-Joachim Kraus, Psalmen. Biblischer Kommentar. Altes Testament XV/1.2. Neukirchen-Vluyn [5]1978, 1078. – Klaus Seybold, Die Psalmen. Eine Einführung, Stuttgart 1991, 51. – Ders., Die Psalmen. Handbuch zum Alten Testament I/15, Tübingen 1996, 505–508. – Hans Strauß, Gott preisen heißt vor ihm leben. Biblisch-theologische Studien 12, Neukirchen-Vluyn 1988, 15–23. – Stuttgarter Psalter, mit Einleitungen und Kurzkommentaren von Erich Zenger, Stuttgart 2005, 368–373.

[7] I. Höver-Johag bezeichnet die Wendung „Dankt dem Herrn, denn er ist gütig" als „imperativische[n] Kurzhymnus" und „die zentrale Bekenntnisaussage des AT, die auf dem historisch-personalen Gottesbegriff Israels fußt" (Art. „tob" [= gut] in: ThWAT III, Sp. 336).

Schöpfer (V. 4–9) und Ernährer alles Lebendigen (V. 25). Anfang und Ende des Psalms entsprechen sich in den Aufforderungen zum Lobpreis Gottes (V. 1–3.26).

Die allgemein verbreiteten Übersetzungen, so auch die erste Zeile unseres Psalmliedes, tragen dazu bei, dass der Aufruf zum Lobpreisen (V. 1a) normalerweise mit dem Hinweis auf Gottes Güte begründet wird: „Lobpreist den Herrn, denn er ist gut". Ebenso gut begründbar ist aber das Verständnis des hebräischen „ki tov" als eine Prädikation des Dankes: „Lobpreist den Herrn, so ist es gut ..." Diese Sicht begegnet u. a. auch zu Beginn des in jüdischer Gebetspraxis oft rezitierten Schabbatpsalms „Gut ist es, den Herrn zu preisen" (Ps 92,21) – Lobpreis als angemessenes Echo auf Gottes schöpferisches und rettendes Handeln![8] In der Tat wird die dreimal wiederholte Aufforderung zum Lobpreisen (V.1–3) durch summarische Hinweise auf das schöpferische und befreiende Wirken des Ewigen begründet. In der Folge werden wichtige Passagen der Tora vergegenwärtigt: Schöpfung (1. Mose 1 in V. 5–9), Exodus und Landgabe (2. Mose 13,4. Mose 21 in V. 10–22).

Gegen Ende des Psalms nehmen die Verse 23 und 24 ein Motiv auf, das auch zu Beginn des „Ägyptischen Hallels" stark akzentuiert wird (Ps 113,5–9): *Der unser gedachte in unserer Erniedrigung.* Gottes Größe zeigt sich darin, dass er Erniedrigte wahrnimmt und aufrichtet.[9] Der litaneiartige Aufbau mit dem 26-maligen Antwortruf entspricht der inhaltlichen Pointe des Psalmganzen. Gottes „chäsäd" wirkt nicht nur in den Höhepunkten seines Heilshandelns in der Schöpfung, der Befreiung aus Sklaverei und der Landgabe. Sie wirkt hier und jetzt weiter, unablässig, auf Dauer (hebr.: le'olam). Darin sind sich jüdische und christliche Übersetzer und Interpreten trotz unterschiedlicher Wortwahl vollkommen einig.[10] „Dass Gott ‚gut' ist [...] – nicht bloß freundlich oder gütig [...], sondern eben gut – dies ist, so Franz Rosenzweig, ‚der Stammsatz der Erlösung, das Dach über dem Hause der Sprache, der an sich wahre Satz, der Satz, der wahr bleibt, einerlei, wie er gemeint ist und aus welchem Munde er kommt.' Darum begründet dieser Satz Gemeinsamkeit und hier den Aufruf zum gemeinsamen Danken, Singen, Beten (1–3.26)."[11]

Im Gegensatz zum ursprünglichen Genfer Psalmlied *Louez Dieu tout hautement* von Théodore de Bèze (1562), das alle 26 Verse des Psalms 136 wieder-

[8] Vgl. Jürgen Ebach, Der Ton macht die Musik, in: Musik, Tanz und Gott. Tonspuren durch das Alte Testament, hg. von Michaela Geiger/ Rainer Kessler, Stuttgart 2007, 11–40, bes. 20ff.

[9] Vgl. die entsprechenden Aussagen im Magnificat, dem Lobgesang der Maria (Lk 1,46–55).

[10] Martin Luther (1984): *Denn seine Güte währet ewiglich*; Moses Mendelssohn (1783/1991): *Ewig währt seine Güte*; Samson Raphael Hirsch (1883/1995): *dass ewig seine Liebe walte*; Leopold Zunz (19. Jh.): *denn ewig währt seine Liebe*; Martin Buber (1954–1962): *denn in der Weltzeit währt seine Huld*; Naphtali Tur Herz Sinai (1954/1992): *dass ewig seine Liebe*; Jerusalemer Bibel (1968): *in Ewigkeit währt sein Erbarmen*; Einheitsübersetzung (1974) und Münsterschwarzacher Psalter (2003): *Denn seine Huld währt ewig*; Leopold Marx (1987): *In Weltzeit währt seine Huld*; Klaus Seybold (1996): *Ja, ewig währt seine Gnade*; Bibel in gerechter Sprache (2006): [Dankt der Lebendigen,] *ihre Freundlichkeit ist von Dauer*; Kurt Marti (1993/2004): *denn ewig währt seine Verbundenheit*; Zürcher Übersetzung 1931/1955): *Ja, seine Güte währet ewig!*; Neue Zürcher Übersetzung (1996/2007): *Ewig währt seine Gnade.*

[11] Kurt Marti, Die Psalmen. Annäherungen, Stuttgart 1993/2004, 415.

gibt, basiert das vorliegende Psalmlied auf der Auswahl der Verse 1–16 und 23–26. Dadurch ergibt sich eine Konzentration auf wesentliche Aussagen:

Die Strophen 1 und 2 nehmen die Aufforderungen der Psalmverse 1–3 auf (*Danket – Preiset – gebt ihm Ehr*) und begründen: Dank, Lobpreis, Ehrung des Ewigen sind Antwort auf seine Güte und die daraus entspringenden Tatbeweise vor aller Welt (*denn er ist gut – groß ist alles, was er tut – er ist aller Herren Herr*).

Die Strophen 3–5 beziehen sich auf die Psalmverse 4–9, die 1. Mose 1 vergegenwärtigen: Auf Gottes einzigartiges Wunderwirken, das nicht nur sein uranfängliches schöpferisches Handeln, sondern auch die weiterwirkende, stets von neuem belebende Beziehung zu allem Geschaffenen umfasst – 3,2 findet seine Entsprechung in 11,1 –, wird nur summarisch hingewiesen. Breiten Raum nimmt, wie schon im Psalm, die Nennung von *Erd und Himmel* (Str. 4), *Sterne, Sonn und Mond* und *Tag und Nacht* (Str. 5) ein.

Die Strophen 6–10 nehmen Bezug auf die Psalmverse 10–16.23.24, welche das Exodusgeschehen zusammenfassen: die Befreiung *aus Ägyptens Dienstbarkeit* (Str. 6), die Vernichtung von *Pharaos Heer* und den Durchzug *durchs Rote Meer* (Str. 7), die Wüstenwanderung und Landgabe (Str. 8), die Pessachnacht der Erniedrigten (Str. 9) und Gottes bewahrendes und befreiendes Handeln an den Bedrängten (Str. 10).

Entsprechend den zu Grunde liegenden Psalmversen bündelt jede Strophe eine ganze Reihe alttestamentlicher Erzählpassagen, die am Beispiel der Auseinandersetzung des Ewigen mit Pharao exemplarisch darstellen, was die prägnante Kurzformel *aller Herren Herr* zu Beginn (V. 3; Str. 2,2) bereits ankündigte: Gott erweist seine Güte durch sein Einstehen für die Opfer herrschaftlicher Machtspiele, indem er alle ihm entgegenwirkenden Mächte überwindet. Dass in der vorliegenden Liedfassung nur noch von der Zerschlagung von Pharaos Heer die Rede ist, nicht aber von der Überwindung weiterer *großer Könige* (V. 17.18), die sich dem wandernden Volk in den Weg stellen,[12] und von der Landgabe an Israel, kommt dem Liedganzen zugute.

Strophe 11 bringt in der ersten Zeile die Entsprechung zur Schöpfungsstrophe 3 (insbesondere 3,2: *alles rief er in das Sein*). Hier wird nämlich festgestellt, dass Gott alles Leben erhält (V. 25). Die zweite Feststellung, dass *Alle Schöpfung ihn erhebt*, wird im Psalm zwar nirgends gemacht, nimmt aber die umfassende eschatologische Hoffnung des Gesamtpsalters vorweg.[13] Genau darauf zielt die Abrundung des Psalms mit der Zusammenfassung der Verse 1–3 im kurz gefassten Appell: *Dankt dem Gott des Himmels* (V. 26).

Strophe 12 stellt von daher nicht bloß eine Repetition der ersten Liedstrophe dar. In ihr kommt die ganze Wort-Antwort-Struktur des Psalms zum Ziel. Sie

[12] Die im Ostjordanland liegenden Königreiche des Sihon (V. 19: König der Amoriter) und des Og (V. 20: König von Baschan) werden einzelnen Stämmen vor der Inbesitznahme des Landes Kanaan zugewiesen (4. Mose 32,33).

[13] Martin Leuenberger belegt die vielen kontextuellen Verknüpfungen, insbesondere im Blick auf die Großkomposition Psalm 136–150, in: Martin Leuenberger, Konzeptionen des Königtums Gottes im Psalter. Untersuchung zu Komposition und Redaktion der theokratischen Bücher IV–V im Psalter. Abhandlungen zur Theologie des Alten und Neuen Testaments, Bd. 83, Zürich 2004, 316ff.

unterstreicht die in der elften Strophe angedeutete Sehnsucht nach umfassender Verwirklichung der Durchsetzungskraft von Gottes einzigartiger Güte, die im 26-maligen Refrain bekräftigt wird. Die wörtlich übereinstimmende Anfangs- und Schlussstrophe entspricht dem Aufruf, der neben Psalm 136 auch Psalm 118 umrahmt und die Psalmen 106 und 107 eröffnet – „eine Art Kurzformel nachexilischer Liturgie-Theologie", die zum Ausdruck bringt, dass Gottesdienst „dankender Lobpreis (‚Eucharistie') der sich seiner Welt mitteilenden Güte Gottes" ist.[14]

Das vorliegende Psalmlied wird auf Pierre Davantès' Melodie zu Psalm 136 aus dem Reformierten Liedpsalter gesungen, der als „Französischer Psalter" eine starke Verbreitung erfuhr und eine große Wirkungsgeschichte aufweist. Théodore de Bèze, Kollege und Nachfolger von Johannes Calvin, hatte bis 1562 den Genfer Psalter mit insgesamt 101 Bereimungen vervollständigt. Unter diesen findet sich auch die Paraphrase zum 136. Psalm, *Louez Dieu tout hautement*, der mit 26 zweizeiligen Strophen und stets in den ebenfalls zweizeiligen Refrain *(Et) Car sa grand' benignité / Dure à perpétuité* ausmündend die 26 hebräischen Doppelverse getreu abbildet.

Auf die Melodien des Genfer Psalters entstanden in der Folgezeit verschiedene deutsche, zum Teil alle 150 Psalmen umfassende Übertragungen.[15] Unter den wichtigsten sind zum „Großen Hallel" die folgenden Bereimungen zu finden:

- *Lobt den Herren inniglich* von Ambrosius Lobwasser (1565, gedruckt 1573) in 26 Strophen mit dem Refrain *Vnd sein grosse guetigkeit / Wäret biß in ewigkeit*[16]
- *Danket Gott mit Lobgesang!* des Berner Theologen Johannes Stapfer (1775) in 11 Strophen mit dem Refrain *Seine Gnad und Freundlichkeit / Währet bis in Ewigkeit*
- *Dank't dem Herrn mit frohem Muth* von Matthias Jorissen (1793, gedruckt 1798) in 26 Strophen mit dem Refrain *Seine Güt' ermüdet nie,/ Ewig, ewig währet sie*
- *Lobt den Herrn, denn was er thut* des Basler Theologen Christoph Johannes Riggenbach (1868) in 13 Strophen mit dem Refrain *Seine Gnad und Freundlichkeit / währet bis in Ewigkeit*, hier publiziert mit einem Tonsatz nach Claude Goudimel (vgl. Satz bei RG 90 und CG 810).

Riggenbachs Bereimung erschien 1941 – auf neun Strophen verkürzt – im „Probeband" (Nr. 45) zum neuen reformierten Kirchengesangbuch, gelangte jedoch nicht ins RKG von 1952. Weitere Verbreitung erfuhr diese Psalmliedfassung ab 1953 durch das in hohen Auflagen erschienene „Mein Lied", Lie-

[14] Zenger 2005 (Anm. 6), 370.

[15] Ausführliche Darstellungen mit weiterführenden Literaturhinweisen finden sich in: Der Genfer Psalter und seine Rezeption in Deutschland, der Schweiz und den Niederlanden. 16.–18. Jahrhundert, hg. von Eckhard Grunewald, Henning P. Jürgens und Jan R. Luth, Tübingen 2004.

[16] Die 150 Lobwasser-Psalmen prägten den reformierten Psalmengesang bis über die Wende zum 19. Jh. hinaus, als sie schon manchenorts als holperig und grobschlächtig abgelehnt wurden und etliche Verbesserungsversuche erfolglos geblieben waren.

derbuch der evangelischen Jugendverbände[17], sowie durch die Aufnahme ins Katholische Gesang- und Gebetbuch der Schweiz (1966; Nr. 468).

Bei den Arbeiten am katholischen Einheitsgesangbuch „Gotteslob" vermochten weder die Fassung von Riggenbach noch die älteren Bereimungen des 136. Psalms zur Genfer Melodie die verantwortliche Kommission zu überzeugen. So schuf diese 1970 die uns vorliegende neue Psalmliedfassung *Danket Gott, denn er ist gut*, die in der Probepublikation zum Einheitsgesangbuch (EGB) 5 erstmals publiziert wurde.[18] Darin finden sich zwar vereinzelt Spuren aus älteren Übertragungen des Psalms 136,[19] doch handelt es sich beim Liedtext um eine Neuschöpfung durch das GL1. In unseren Gesangbüchern ist daher Riggenbachs Name zu streichen und die Herkunftsangabe zu berichtigen in: „nach Psalm 136,1–16.23–26 EGB (1970) 1971".

Die Zusammenarbeit zwischen GL-Kommission und der AÖL führte bei einigen Liedern zu einer Bereinigung von Text und Melodie im Hin und Her, dessen Verlauf nicht mehr genau zu rekonstruieren ist. *Danket Gott, denn er ist gut* wurde schließlich mit zwei Änderungen – Korrektur der ersten Refrainzeile von *Sein Erbarmen trägt die Zeit* in *Seine Huld währt alle Zeit* und die zusätzliche Wiederholung der ersten Strophe am Liedschluss – 1975 im „Gotteslob" publiziert (GL1 227) und 1978 im Christkatholischen Gesangbuch (CKG 430).[20] Die AÖL veröffentlichte das Lied 1983 in ihrem Kinderliederbuch „Leuchte, bunter Regenbogen"[21] (LbR 100), ergänzt mit einer zweiten Melodie aus China (LbR 99).[22]

Zum Genfer Liedpsalm 136 gehört die in ihrer Art unverwechselbare Melodie aus der Werkstatt des „Maître Pierre" – vermutlich der vielseitig begabte Humanist Pierre Davantès (um 1525–1561) –, der als Altphilologe, Pädagoge, Drucker, Musiktheoretiker und Komponist bekannt war.[23]

Als einer der drei Melodie-Komponisten des Genfer Psalters spielte er eine nicht zu unterschätzende Rolle:[24] Ein Jahr vor seinem Tod veröffentlichte er

[17] Mein Lied. Liederbuch für die evangelische Jugend der deutschen Schweiz (3. Bearbeitung), Bern 1953, Psalm 136.

[18] Probepublikation EGB 5: Die Feier der Karwoche, hg. von Paul Nordhues/ Alois Wagner, Wien/Freiburg i. Br. 1971, Nr. 358.

[19] 1,2 (*was er tut*) = Riggenbach 1868; 2,1 (*gebt ihm Ehr*) = Jorissen 1798; 2,2 = Lobwasser 1573; Str. 4 = Stapfer, mit vertauschten Zeilen; 8,2 (*mit starker Hand*) = Jorissen.

[20] In beiden Publikationen wird mit „V" bei der Strophe und „A" beim Refrain das responsoriale Singen des Psalmliedes empfohlen: Vorsänger/Vorsängerin und Alle.

[21] LbR, Kassel/Basel 1983. Die dort abgedruckte Textfassung wurde später in Angleichung an das GL von der AÖL korrigiert: Wiederholung der ersten Strophe am Liedschluss (1990) und Ersatz von *Er führt' es* ... durch *Führte es* ... in 8,1 (1993). Ferner musste ein redaktionelles Versehen in der ersten Refrainzeile bei Nr. 100 (*Seine Gnad und Gütigkeit*) berichtigt werden.

[22] Weitere Publikationen der heute gültigen ökumenischen Fassung in: Kumbaya 1980 (Nr. 192), Eingestimmt (GB der Altkatholiken Deutschlands) 2003 (Nr. 426). Mit der chinesischen Melodie ist der ö-Text nur in LbR (Nr. 99) und im RG (Nr. 91) angeboten.

[23] HEG II, 71f.

[24] Pierre Pidoux, Franc – Bourgeois – Davantès, leur contribution à la création des mélodies du Psautier. Matériaux rassemblés, classés et analysés par Pierre Pidoux, Genève 1993 [maschinenschriftlich].

seine „nouvelle et facile méthode“ zur Aneignung der Psalmmelodien (1560) – einen der vielen musikpädagogischen Beiträge von reformierten Musikern, der die These stützt, dass die Geschichte reformierter Kirchenmusik von Anbeginn an auf Aufbau und Ausbau angelegt war.[25] Zur Vollendung des Genfer Psalters trug Davantès nicht weniger als 40 Melodien bei, die ein Jahr nach seinem Tod in der ersten Gesamtausgabe „Les Pseaumes mis en rime françoise“, Genf 1562[26] publiziert wurden.[27]

Wer die in diesem Rahmen erstmals publizierte Melodie zur Bereimung des 136. Psalms mit dem originalen Text *Louez Dieu tout hautement* singt, bemerkt sogleich die Qualitäten dieser einfachen, zum kürzesten Strophenmodell des Genfer Psalters (7.7.7.7) komponierten Melodie. Ursprünglich ist sie in *g*-mixolydisch notiert und in einigen Ausgaben Note um Note mit den damals üblichen Solmisationssilben bezeichnet.

Ausgewogenheit: Als erstes fällt der symmetrische Bau innerhalb der vier Melodiezeilen auf, die – unter Einrechnung der Zeilenendpause – durch je zwei Halbe gerahmt werden. Die Zeilen 1, 3 und 4 sind rhythmisch identisch, lediglich die zweite Zeile markiert den Übergang von der Strophe zum Refrain mit einer Dehnung auf drei Halbe; dieses rhythmische Grundmuster trägt wesentlich dazu bei, dass sich die Melodie rasch einprägt. Pierre Pidoux stellt fest, dass ein Auszählen der Notenwerte (ohne Zeilenendpausen) ein ausgewogenes Bild ergibt, wie es im Genfer Psalter selten begegnet: 14 Halbe stehen 14 Vierteln gegenüber.[28]

Wort-Ton-Bezug: Weiter fällt auf, dass die Hochtöne der einzelnen Melodiezeilen dem Text – zumindest in der ersten Strophe – optimal entsprechen. In Zeile 1, die gleich den gesamten Ambitus der Melodie (Oktave) ausschöpft, schwingt sich die Melodie aus dem das Anfangswort *Louez* gewichtig unterstreichenden und wiederholten Grundton mit dem Quartsprung auf *Dieu* in den oberen Tonraum (Hexachordum naturale). Von dort gelangt sie mit der Tonfolge *re-mi-fa-sol* auf *tout hautement* zum Hochton, der in der Folge nie überschritten wird. Die sich bis zu den höchsten Tönen aufschwingende Geste passt also perfekt zum ursprünglichen Text *Louez Dieu tout hautement* (frei übertragen: Lobpreist Gott laut, kräftig). Sie macht aber auch mit dem später hinzugesetzten deutschen Text durchaus Sinn, indem sie durch die aufsteigende Bewegung und den höchsten Melodieton die Pointe des Psalms, *denn er ist gut* (1,1; 12,1), hervorhebt.

Nach dem raschen, eine ganze Oktave umfassenden Aufschwung bewegen sich die folgenden drei Zeilen nur noch im Raum von Quinten (Z. 2.4) oder einer Quarte (Z. 3), und zwar ausschließlich in kleinen Tonschritten.

[25] Andreas Marti, Psalmensingen – ein Alphabetisierungsprogramm, MGD 59 (2005) 14–16. – Ders., Musik im Gottesdienst. Grundzüge einer reformierten Konzeption gottesdienstlicher Musik, MGD 60 (2006) 59–68.

[26] Nach dem Drucker Michel Blanchier benannter „Blanchier-Psalter“; Faksimile-Ausgabe mit einer Einleitung von Pierre Pidoux, Genève 1986.

[27] Vgl. Pidoux 1962, Vol. II, 134.

[28] Vgl. Pidoux 1993 (Anm. 24), 253.

Schließlich ist festzustellen, dass die Anfangs- und Endtöne der Zeilen alle dem Dreiklang der Tonika angehören – ein weiteres Element, das die Stabilität des Melodieganzen stützt.

Dies alles zusammengenommen ermöglicht Kindern und auch des Singens eher ungewohnten Erwachsenen, herzhaft in Psalm 136 einzustimmen.

Der mixolydische Modus klingt für neuzeitliches Hören, welches für das 16. Jh. mindestens im Ansatz vorausgesetzt werden kann, wie Dur mit Schluss auf der Dominante. Das Melodieende wirkt daher offen und führt direkt in die nächste Strophe. So werden die vielen kurzen Strophen besser zusammengebunden, und es entsteht eine Entsprechung zum Bau des Psalms mit seinen kurzen Teilen, die durch den ständig wiederholten Antwortruf zusammengehalten werden.

Der Liedtext kann auch auf die Melodie EG 454 *Auf und macht die Herzen weit* gesungen werden. Diese chinesische Melodie ist 1926 in „Cantate Domino" mit der englischen Paraphrase zu Psalm 136 *Let us with a gladsome mind* (1623) von John Milton verbunden worden.

Grundsätzlich kann das Lied zu Psalm 136 jederzeit als Lob- und Danklied verwendet werden. Sein traditionell fester Platz ist jedoch in der Osterzeit, angefangen mit der Osternacht, in welcher die üblichen Schriftlesungen aus 1. Mose 1 und 2. Mose 14 die beiden Brennpunkte des Psalms, Schöpfung und Befreiung, thematisieren.[29] Danach kann der Psalm im Abendmahlsgottesdienst bzw. in der Eucharistiefeier am Ostermorgen und an den folgenden Sonntagen der Osterzeit wiederholt werden. Während dieser Zeit ist es auch sinnvoll, die Psalmgebete in Vespern und anderen Tagzeitengebeten in Ergänzung des „Großen Hallels" (Ps 136) mit Ausschnitten aus dem „Ägyptischen Hallel" (Ps 113–118) zu gestalten.

Zu guter Letzt: Wer das Singen mit Kindern auf geschickte Art fördert, erfährt, dass dieses Psalmlied mit der in sich stimmigen Genfer Melodie gern im Wechsel mit der Gemeinde gesungen wird: Die Kinder tragen vorab den Refrain vor, und die Gemeinde singt den Refrain nach. Unmittelbar danach singen die Kinder ausgewählte Strophen, die von allen mit dem Refrain beantwortet werden.[30] Auch ein Wechselgesang, der die beiden Melodien bzw. Lieder (EG 301 und EG 454) kombiniert, ist denkbar, z. B. je drei Strophen nach der Genfer (Gemeinde) und nach der chinesischen Melodie (Kinder).

Hans-Jürg Stefan

[29] Martin Schmeisser, O wahrhaft selige Nacht! Überlegungen und Vorschläge zur Feier der Osternacht. Modell einer ökumenischen Osternacht, NSK 1995, H. 1, 8–25.

[30] Dieser Zugang zum Lied wird auf der CD „Mit Kindern singen" (Track 1) sehr schön dokumentiert. Das Lied wird im dazu gehörenden Heft Werkstatt GottesDienst 4 von Elisabeth Wyss kurz kommentiert (WGD 4, 16).

302 Du meine Seele, singe

EG 302(ö) RG 98(ö) CG 812(ö) EM 76(ö)

Text

Verfasser Paul Gerhardt **Vorlage** Ps 146 **Quelle** *PRAXIS PIETATIS MELICA. Das ist: Vbung der Gottseligkeit* [...] *EDITIO V.* (Johann Crüger), Berlin 1653 (DKL 1653[04]) **Überschrift** *231. Ps. 146 M. Ihr Christen außer*[koren] **Ausgabe** FT III,419 **Strophenbau** A7/3a- A6/3b A7/3a- A6/3b A7/3c- A6/3d A7/3c- A7/3d vgl. Frank 8.7 **Abweichungen** nach 1: 2. *Ihr menschen, laßt euch lehren;* 3. *Was mensch ist, muß erblassen* * RG: nach 1: 2. *Ihr Menschen, lasst euch lehren;* 3,4 Hand *vollbracht*; 3,5–8 = 5,1–4; Strophen 3 und 4 im EG = Strophen 5 und 6 im RG; ohne Strophe 6–7 * CG nur Str. 1, 2, 4 u. 8 * EM: ohne Str. 7 **Verbindung TM** in der Q ohne N; der Verweis in der Überschrift bezieht sich auf das Lied von G. Werner in derselben Ausgabe unter Nr. 103 (Z III,5441) * weitere Melodien: Z III,5471 (N. Hasse; 1659); Z III,5472 (J. G. Ebeling; 1667); Z III,5473 (P. Sohren; 1683); Z III,5474 (Fr. Mergner; 1876)

Melodie

Incipit -1__-3_-5_1_3_2__2__ **Verfasser** Johann Georg Ebeling **Quelle** *PAULI GERHARDI Geistliche Andachten Bestehend in hundert und zwantzig Liedern* (Johann Georg Ebeling), Berlin 1666/1667 (DKL 1666[03-04]/1667[05]; Faks: hg. von Friedhelm Kemp, Bern 1975; Mikrofilm-Ausgabe: New Haven 1969) **Ausgaben** Z III,5490; Johann Georg Ebeling, Zwölf geistliche Lieder Paul Gerhardts für vierstimmigen gemischten Chor, zwei Violinen und Generalbaß (Konrad Ameln, Hg.), Kassel 1956 **Ambitus** G: 11; Z: 86b(86b)457b3b **Abweichungen** Ton höher; vor Z. 5: Halbepause; Z. 6, vorletzte Note: Achtel *g* statt *a* * RG, CG: mit Taktangabe ¢; mit 4st. Satz (Ebeling/Bernhard Henking 1952) * EM: mit 4st. Satz (Ebeling/Bernhard Henking 1952) **Verbindung MT** *Merkt auf, merkt Himmel, Erde* (P. Gerhardt; mit *Du meine Seele singe* bei Martin Kulke, Choralbuch zum öffentlichen und Privatgebrauch, Berlin 1885)

Literatur

HEKG (Nr. 197) I/2,317f; III/2,49–52; Sb 303f; HEG II,79f.110–112 ** ThustB, 273 ** KLL (1878–1886/1967) I, 143; Bruppacher (1953) 47f ** BUSSE, Martin: „Du meine Seele, singe“ (EKG 197), in: Ralf Koerrenz/ Jochen Remy (Hg.): Mit Liedern predigen. Theorie und Praxis der Liedpredigt, Rheinbach-Merzbach **1994**, 183–188 * BUNNERS, Christian: Art. Ebeling, Johann Georg, MGG², Personenteil 5 (**2001**) 5–9 * HENKYS, Jürgen: Schwing dich auf zu deinem Gott, in: Susanne Weichenhahn/ Ellen Ueberschär (Hg.): LebensArt und SterbensKunst bei Paul Gerhardt, Berlin **2003**, 71–84 (bes. 82–84) * BUNNERS **2006**, bes. 137.199.261 * LIEBIG, Elke: Imitatio in der Musik zur Zeit Paul Gerhardts, in: Winfried Böttler (Hg.): Paul Gerhardt. Erinnerung und Gegenwart. Beiträge zu Leben, Werk und Wirkung, Berlin **2006**,

89–120 (bes. 100f) * FINKE, Christian: Paul Gerhardt vertont. Eine unvollständige Übersicht über mehrstimmige Fassungen und Kanons seiner Lieder, in: Winfried Böttler (Hg.): Paul Gerhardt in Kirche, Kultur und Lebensalltag. Beispiele für die Praxis, Berlin **2007**, 157–171 (bes. 160) * MARTI, Andreas: „Du meine Seele, singe", MGD 67 (**2013**) 13–20

Dieses Paul-Gerhardt-Lied[1] gehört mit *Befiehl du deine Wege* (EG 361), *O Haupt voll Blut und Wunden* (EG 85) und *Ich steh an deiner Krippen hier* (EG 37) nicht nur zu den bekanntesten, sondern auch zu den beliebtesten Liedern im EG. Das hängt natürlich auch mit dieser ausdrucksstarken, zum Text passenden Melodie zusammen, die ganz unten beginnt und nach fünf Tönen schon ganz oben ist, zwei Töne über der Oktave. Wer sich singend auf den bequem zu erreichenden tiefen Anfangston der Melodie einlässt, der wird unversehens mitgerissen, hochgetragen, erlebt staunend, wie die eigene Stimme, der eigene Gesang, die eigene Seele singt, lobt, nicht nur singt, sondern – Paul Gerhardts Aufforderung folgend – *schön* singt.

Auch Kinder singen dieses Lied gern und merken sich einzelne Worte und Sätze, auch, oder gerade, wenn sie fremd klingen: *einzig schauet; Jakobs Gott und Heil*; *Gott hält sein Wort mit Freuden*; *spricht, geschicht*; *schöne rote Wangen*; und die ganze achte Strophe mit der *welken Blum* und *Zion* und dem *Zelt*. Ich erinnere mich an Gefühle von Freude und Hochstimmung, wenn ich dieses Lied als Kind in der Gemeinde sang.

Wie können wir als Erwachsene alles das glauben, was im 146. Psalm steht, und was Paul Gerhardt daraus gemacht hat?

Synopse Psalm 146 und EG 302

1	Halleluja! Lobe den Herrn, meine Seele!	Du, meine Seele, singe,/ wohlauf und singe schön / dem, welchem alle Dinge / zu Dienst und Willen stehn!	1
2	Ich will den Herrn loben, solange ich lebe,/ und meinem Gott lobsingen, solange ich bin.	Ich will den Herren droben / hier preisen auf der Erd,/ ich will ihn herzlich loben,/ solang ich leben werd.	1
3	Verlasset euch nicht auf Fürsten;/ sie sind Menschen, die können ja nicht helfen.	Ihr Menschen, laßt euch lehren,/ es wird euch nützlich sein;/ laßt euch doch nicht betören / die Welt mit ihrem Schein!/ Verlasse sich ja keiner / auf Fürstenmacht und Gunst,/ weil sie, wie unsereiner,/ nichts sind als nur ein Dunst.	2
4	Denn des Menschen Geist muss davon, und er muss wieder zu Erde werden;/ dann sind verloren alle seine Pläne.	Was Mensch ist, muß erblassen / und sinken in den Tod;/ er muß den Geist auslassen,/ selbst werden Erd und Kot./ Allda ist's dann geschehen / mit seinem klugen Rat,/ und ist frei klar zu sehen,/ wie schwach sei Menschentat.	3

[1] Der Kommentar ist die überarbeitete Fassung einer Kanzelrede in der Stadtkirche zu Wittenberg am 5. August 2007.

5	Wohl dem, dessen Hilfe der Gott Jakobs ist,/ der seine Hoffnung setzt auf den Herrn, seinen Gott,	Wohl dem, der einzig schauet / nach Jakobs Gott und Heil!/ Wer dem sich anvertrauet,/ der hat das beste Teil,/ das höchste Gut erlesen,/ den schönsten Schatz geliebt;/ sein Herz und ganzes Wesen / bleibt ewig unbetrübt.	4
6	der Himmel und Erde gemacht hat,/ das Meer und alles, was darinnen ist; der Treue hält ewiglich,	Hier sind die starken Kräfte,/ die unerschöpfte Macht:/ Das weisen die Geschäfte,/ die seine Hand gemacht,/ der Himmel und die Erde / mit ihrem ganzen Heer,/ der Fisch unzählge Herde / im großen, wilden Meer. Hier sind die treuen Sinnen,/	5 6
7	der Recht schafft denen, die Gewalt leiden,/ der die Hungrigen speiset. Der Herr macht die Gefangenen frei./	die niemand Unrecht tun,/ all denen Gutes gönnen,/ die in der Treu beruhn./ Gott hält sein Wort mit Freuden,/ und was er spricht, geschicht,/ und wer Gewalt muss leiden,/ den schützt er im Gericht. Er weiß viel tausend Weisen,/ zu retten aus dem Tod;/ ernährt und gibet Speisen / zur Zeit der Hungersnot,/ macht schöne rote Wangen / oft bei geringem Mahl,/ und die da sind gefangen,/ die reißt er aus der Qual.	6 7
8	Der Herr macht die Blinden sehend. Der Herr richtet auf, die niedergeschlagen sind./ Der Herr liebt die Gerechten.	Er ist das Licht der Blinden,/ erleuchtet ihr Gesicht,/ und die sich schwach befinden,/ die stellt er aufgericht'./ Er liebet alle Frommen,/ und die ihm günstig seind,/ die finden, wenn sie kommen,/ an ihm den besten Freund.	8
9	Der Herr behütet die Fremdlinge und erhält Waisen und Witwen;/ aber die Gottlosen führt er in die Irre.	Er ist der Fremden Hütte,/ die Waisen nimmt er an,/ erfüllt der Witwen Bitte,/ wird selbst ihr Trost und Mann./ Die aber, die ihn hassen,/ bezahlet er mit Grimm,/ ihr Haus, und wo sie saßen,/ das wirft er um und um.	9
10	Der Herr ist König ewiglich,/ dein Gott, Zion, für und für. Halleluja!	Ach, ich bin viel zu wenig,/ zu rühmen seinen Ruhm!/ Der Herr allein ist König,/ ich eine welke Blum./ Jedoch, weil ich gehöre / gen Zion in sein Zelt,/ ist's billig, dass ich mehre / sein Lob vor aller Welt.	10

Psalm 146 gehört zu den sogenannten Halleluja-Psalmen. Der Psalter, diese biblische Sammlung von 150 Liedern, in denen ja auch Klagepsalmen enthalten sind, endet mit einer Reihe von Psalmen, in denen Gottespreisungen im Mittelpunkt stehen. Dazu gehört auch Psalm 146: *Halleluja, lobe den Herrn, meine Seele.* Paul Gerhardt hat diesen Psalm sehr genau in einen metrisch gebundenen, gereimten Text übertragen. Er hat nicht nur Schritt für Schritt, Psalmvers für Psalmvers die Gedanken des Psalmisten, sondern auch wörtliche Formulierungen übernommen: *meine Seele*; *singe*; *Ich will den Herrn loben, solange ich lebe*, sagt der Psalm. *Ich will den Herren [...] loben, solang ich leben werd*, dichtet Paul Gerhardt; *Wohl dem, dessen Hilfe der Gott Jakobs ist* wird zu: *Wohl dem, der einzig schauet / nach Jakobs Gott und Heil. Der Herr behütet die Fremdlinge und erhält Waisen und Witwen* wird zu *Er ist der Fremden Hütte* – aus *behütet* wird *Hütte*! –, *die Waisen nimmt er an,/ erfüllt der Witwen Bitte …*

Paul Gerhardt hat es aber bei der genauen Überführung eines Textes aus der literarischen Prosa in ein Gedicht nicht belassen, sondern er hat dieser Überführung Eigenes hinzugefügt. Zum Beispiel hat er etwas ausführlicher ausgemalt, was im Psalmtext nur recht knapp dasteht. Im 3. Psalmvers steht: *Verlasset euch nicht auf Fürsten; sie sind Menschen, die können ja nicht helfen.* Paul Gerhardt hat zu diesem Vers eine ganze achtzeilige Liedstrophe gedichtet, die im EG allerdings nicht abgedruckt ist. Auch der nächste kurze Psalmvers, Vers 4: *Denn des Menschen Geist muss davon, und er muss wieder zu Erde werden; alsdann sind verloren alle seine Anschläge* ist bei Paul Gerhardt zu einer achtzeiligen Liedstrophe geworden, ebenfalls im EG nicht abgedruckt. Aus dem Psalmvers *Wohl dem, des Hilfe der Gott Jakobs ist, der seine Hoffnung setzt auf den Herrn, seinen Gott* – zwei Sätze! – macht Paul Gerhardt seine Strophe *Wohl dem, der einzig schauet / nach Jakobs Gott und Heil …* Die Strophe besteht aus acht Zeilen, da muss also etwas hinzugefügt worden sein. *Wer dem sich anvertrauet* – das entspricht dem Psalmwort *der seine Hoffnung setzt auf den Herrn.* Aber dann entschließt sich Paul Gerhardt – im Einklang mit zeitgenössischer rhetorischer Poetik, die auf die „Bewegung" des Herzens aus ist (ars movendi) – zu einer grandiosen Steigerung: *der hat das beste Teil,/ das höchste Gut erlesen,/ den schönsten Schatz geliebt;/ sein Herz und ganzes Wesen / bleibt ewig unbetrübt.* Lauter Superlative! *Beste, höchste, schönste, ewig* – das kann man nicht überbieten. Insgesamt klingt der Psalmtext im Vergleich zu Gerhardts überschwänglicher Sprache nüchterner, auch wenn die Verse 7 – 10 in ihrer repetierenden Gestaltung der Satzanfänge (Anapher) von großer Eindringlichkeit sind: *Wohl dem, der seine Hoffnung setzt auf den Herrn, seinen Gott, der Himmel und Erde gemacht hat, das Meer und alles, was darinnen ist; der Treue hält ewiglich, der Recht schafft denen, so Gewalt leiden, der die Hungrigen speist. Der Herr löst die Gefangenen. Der Herr macht die Blinden sehend. Der Herr richtet auf, die niedergeschlagen sind. Der Herr liebt die Gerechten. Der Herr behütet die Fremdlinge und erhält Waisen und Witwen und kehrt zurück den Weg der Gottlosen.* Das sind Aussagen über Gottes gute Taten, eine Mischung aus Erfahrungen und Weissagungen oder Prophetien.

Paul Gerhardt reichert diese Psalmworte mit zusätzlichen Beispielen und mit Konkretionen an, die bis ins Detail gehen. *Er weiß viel tausend Weisen / zu retten aus dem Tod,* das steht so nicht im Psalm! *Ernährt und gibet Speisen / zur Zeit der Hungersnot* – das steht im Psalmtext kurz und knapp als *der die Hungrigen speiset.* Gerhardt wiederholt diese Aussage konkret und anschaulich in Str. 5: *macht schöne rote Wangen / oft bei geringem Mahl.* Auch die Strophen 6 und 7 malen ausführlich aus, was im Psalmtext in nur fünf Worten gesagt ist: *Der Herr liebt die Gerechten.* Bei Paul Gerhardt lesen und singen wir: *Er liebet alle Frommen,/ und die ihm günstig seind,/ die finden, wann sie kommen,/ an ihm den besten Freund.* Im Psalm steht: *aber die Gottlosen führt er in die Irre* – in einer älteren Luther-Übersetzung steht: *und kehrt zurück den Weg der*

Gottlosen. Paul Gerhardt dichtet: *Die aber, die ihn hassen,/ bezahlet er mit Grimm,/ ihr Haus, und wo sie saßen,/ das wirft er um und um.*

Die Strophen 5–7 beginnen sämtlich mit *Er weiß* und *Er ist.* Paul Gerhardt setzt hier auch auf der Ebene der sprachlichen Gestaltung um, was er im Psalm vorfindet, die rhetorische Figur der Anapher. Sechsmal hintereinander fangen die kurzen Psalmsätze an mit *Der Herr löst, der Herr macht, der Herr richtet auf, der Herr liebt, der Herr behütet, der Herr ist.* Da darf Paul Gerhardt ruhig wenigstens dreimal seine Strophen mit *Er weiß* oder *Er ist* beginnen lassen. Auffällig ist aber die Umwandlung der preisenden und doch nüchternen Psalmaussagen in die überschwänglichen, hymnischen Sätze in Paul Gerhardts Lied. Beim Psalm geht es mir nicht so, aber beim Singen und beim Lesen dieser Paul-Gerhardt-Strophen frage ich mich plötzlich: Stimmt das eigentlich? Gibt Gott Speisen zur Zeit der Hungersnot? Gibt es schöne rote Wangen bei geringem Mahl oder nicht doch eher blasse Gesichter und aufgeblähte Hungerbäuche? Werden die Gefangenen in Kriegsgebieten, für die wir beten, wirklich befreit werden?

Anscheinend bin ich nicht die einzige, die mit diesen konkreten, ins Detail gehenden Strophen 5–7 Schwierigkeiten hat. Ein Blick in das Gesangbuch der Evangelisch-reformierten Kirchen der deutschsprachigen Schweiz von 1998 zeigt jedenfalls, dass eben diese drei Strophen *Er weiß viel tausend Weisen; Er ist das Licht der Blinden; Er ist der Fremden Hütte* nicht aufgenommen worden sind.

Hier ist ein Wahrheitsbegriff zu klären: Welche Wahrheit sprechen Bibeltexte und Kirchenlieder eigentlich aus? Müssen Kirchenlieder stimmen, im Sinne einer Abbildung der Wirklichkeit?

Kirchenlieder sind im besten Fall Übertragungen biblisch-theologischer Aussagen in die jeweilige Gegenwart, in den jeweiligen Alltag. Von Paul Gerhardts Alltag wissen wir, dass er im 17. Jh. zur Zeit des Dreißigjährigen Krieges, stattfand. Hunger, Krankheit, Angst, Verzweiflung und Tod hat er selbst und als Gemeindepfarrer und Seelsorger bei anderen Menschen vielfach erlebt. Paul Gerhardts Alltag kann sich auch so anhören – ich zitiere ein wenig aus seinen unbekannteren Strophen, Liedern und Gedichten:

> *Schleuß zu die Jammerpforten / und laß an allen Orten / auf so viel Blutvergießen / die Friedensströme fließen.*[2]

> *Hilf gnädig allen Kranken;/ gib fröhliche Gedanken / den hochbetrübten Seelen,/ die sich mit Schwermut quälen.*[3]

> *Lass auch einmal nach so viel Leid / uns wieder scheinen unsre Freud,/ des Friedens Angesicht,/ das mancher Mensch noch nie einmal / geschaut in diesem Jammertal.*[4]

Welche Wahrheiten sprechen Kirchenliedtexte aus? Die zuletzt zitierten Texte sprechen ganz konkrete Bitten, Fürbitten aus. Und sie setzen Glauben voraus.

[2] EG 58,10.
[3] EG 58,13.
[4] 14. Strophe von *Wie ist so groß und schwer die Last,* FT III,452.

Die Wahrheit dieser Texte ist vor allem der Glaube an Gottes Dasein und an sein Wirken. Manchmal auch der verzweifelte Glaube an Gottes Dasein und an sein Wirken. Gott muss einfach da sein, er muss unsere Gebete hören. Ohne ihn geht es doch gar nicht. Ohne ihn oder wenigstens ohne die Frage nach Gott, ohne die Suche nach ihm können wir doch gar nicht leben.

Auch Paul Gerhardt hat von der Diskrepanz zwischen einer Glaubensgewissheit und einer Alltagswahrheit gewusst, er dichtete einmal: *Wie ich von dir glaub und sage,/ also lass mir's auch ergehn!*[5]

Das ist eine Bitte um ein Gleichgewicht, um eine Entsprechung zwischen Glaube und Verkündigung einerseits und konkreter Erfahrung dieses Glaubens im gelebten Alltag andererseits.

So können wir die schönen roten Wangen trotz des geringen Mahls, die befreiten Gefangenen wohl auch bei Paul Gerhardt verstehen: als eine Mischung aus wunderbaren Erfahrungen und aus dem, was man „Glauben wider den Augenschein" nennt. Diese *Er-weiß-viel-tausend-Weisen-* und *Er-ist-das-Licht-der-Blinden-* und *Er-ist-der-Fremden-Hütte-*Strophen sind reale Erfahrung, sind Trost, sind Vorgriff auf Gottes kommendes Reich, sind Erinnerung an das, was schon war und an das, was noch kommen wird, sie sind das alles gleichzeitig.

Das fast ungebrochene Gottvertrauen in vielen alten Liedern, auch und besonders in denen von Paul Gerhardt, verteidigt der Theologe Helmut Gollwitzer so: „Daß er [sc. Gott] alles so herrlich regiert, ist kein mögliches Fazit aus der Betrachtung des Weltlaufs. [...] Ihn als Vater zu erkennen, zu lieben und anzurufen, war früher ebenso wie heute ‚nicht durch eigene Vernunft noch Kraft' [Luthers Kl. Katechismus, 3. Artikel] möglich, sondern durch die dem Augenschein widersprechende [...] Kraft des Verheißungswortes selbst, durch den Geist dieses Wortes, den Heiligen Geist."[6]

Können wir das so für uns heute übernehmen? Ist Paul Gerhardt nicht doch zu weit weg von uns bzw. mit seinem Überschwang zu nah dran an unserer Skepsis? Immerhin wissen wir, dass Dietrich Bonhoeffer in seiner Gefängniszelle die Lieder von Paul Gerhardt zu seinem eigenen Erstaunen nicht für unglaubwürdig gehalten hat.[7]

Paul Gerhardts Lieder und Gedichte setzen Glauben voraus und sprechen auf dieser Grundlage Glaubenszweifel und Glaubensgewissheit aus. Auch bei Paul Gerhardt gibt es Lieder und Gedichte, in denen Anklänge an solche Zweifel zu finden sind.[8] Sein Lied *Du meine Seele, singe* steht deutlich auf der Seite der Glaubensgewissheitslieder, oder immerhin der Glaubensvergewisserungslieder,

[5] 1. Strophe von *Herr, dir trau ich all mein Tage*, FT III,464.

[6] Zitiert nach Helmut Ackermann, Joachim Neander. Sein Leben – seine Lieder – sein Tal. Düsseldorf 1997, 57.

[7] Brief an Eberhardt Bethge vom 18.11.1943: „In den ersten zwölf Tagen, in denen ich hier als Schwerverbrecher abgesondert und behandelt werde [...], hat sich Paul Gerhardt in ungeahnter Weise bewährt, dazu die Psalmen und die Apokalypse." In: Dietrich Bonhoeffer, Widerstand und Ergebung. Briefe und Aufzeichnungen aus der Haft, Berlin [3]1972, 147.

[8] Vgl. Britta Martini, Am Morgen und am Abend. Entdeckungen in Paul Gerhardts Liedern, GAGF 02/2006, 30–38.

jedenfalls auf der Seite der Lieder, die die Freude beschreiben, die sich mit dem Glauben an Gott verbinden kann. Diese Freude, dieses Glück geradezu kann Paul Gerhardt in sehr vielen seiner Lieder wirklich so mitreißend ausdrücken, dass man auch als suchender, zweifelnder, gar nicht gläubiger Mensch zum Glauben regelrecht verlockt werden kann.

Gott hält sein Wort mit Freuden,/ und was er spricht, geschicht. Das sind Weissagungen, hinzugefügt aus Psalm 33, und Paul Gerhardts Ergänzung *mit Freuden* macht uns Gott noch freundlicher, bringt ihn uns noch näher, senkt die Hemmschwelle, weckt die Vorfreude. *Gott hält sein Wort,* das heißt: Gottes Heilsplan mit uns und der Welt ist nicht vergessen. Wir glauben mit Abram und Sarah, mit Ruth und Noemi, mit David, Maria, Josef, mit Jesus dem Christus, mit seinen Jüngerinnen und Jüngern, mit der Wolke der Zeuginnen und Zeugen an das Reich Gottes, an ein Leben in Gerechtigkeit und Frieden.

Als Höhepunkt dieser Weissagungen empfinde ich Gerhardts von sicherer, fester Gewissheit getragenen Zuspruch in der letzten *Du-meine-Seele-singe*-Strophe: *Jedoch weil ich gehöre / gen Zion in sein Zelt …* Auch das ist eine, die wichtigste Gerhardtsche Hinzufügung zum Schluss des 146. Psalms, dort steht: *Der Herr ist König ewiglich, dein Gott, Zion, für und für. Halleluja!* Ja, fügt Paul Gerhardt hinzu, und ich, du und ich, wir alle, finden in diesem Zelt in Zion auch Unterschlupf, wir gehören dahin, das ist unsere Zukunft. Und wir wissen alle, dass diese Zukunft, dieses gerechte und friedliche Leben in Gottes Zelt in Zion schon jetzt anfangen kann, schon jetzt angefangen hat. Deshalb singen, loben, ehren wir Gott jetzt schon, so gut wir das können. Manchmal im Einklang mit unserem realen Leben. Manchmal wider allen Augenschein.

Ebelings Melodie mit dem Umfang einer Undezime ist erst Ende des 19. Jh. mit diesem Paul-Gerhardt-Gedicht verbunden worden. Es ist der Affekt des überschwänglichen Preisens, Lobens (Str. 1) und Rühmens (Str. 8), in dem sich Text und Melodie perfekt ergänzen. Der Überschwang der Preisung kommt in dem großen Melodieumfang, der schon in der ersten Liedzeile fast ganz durchschritten wird, zum Ausdruck. So hat wohl die charakteristische erste Liedzeile einen großen Anteil an der ungebrochenen Beliebtheit dieses Liedes. In der ersten Strophe ergeben sich für die heutige Sängerin zusätzlich zur parallelen Affektlage interessante Wort-Ton-Beziehungen, deren Stimmigkeit möglicherweise auch die Rezeption der Folgestrophen prägt. Aus der Tiefe (der Seele) erhebt sich eine Melodie, die abbildet, was der Text sagt. Schön singen heißt hier, die ganze stimmliche Bandbreite auszunutzen, tiefe, hohe und Mittellage. Auch die 7. Zeile der ersten Strophe (*ich will ihn herzlich loben*) stimmt nicht nur auf der Affektebene mit der Melodie überein. Der Aufschwung zum höchsten Melodieton *es,* der nur auf *lo*ben einmalig erreicht wird, passt hier genau. In den anderen Strophen ist die Wort-Ton-Beziehung an dieser Stelle nicht so eindeutig. Bedeutungsvoll, wenn auch unbeabsichtigt, das relativ tiefe *f* auf *droben* gegenüber dem hohen *d* auf *hier.*

Britta Martini

348 Gott verspricht: Ich will dich segnen

Text

Verfasser 1. Mose 12,2 **Strophenbau** biblische Prosa **Verbindung TM** wie EG

Melodie

Incipit 12 3. **Verfasser** Volker Ochs **Entstehung** um 1980 **Quelle** EG **Ambitus** G: 6; Z: 35

Literatur

HEG II, 233f ** ThustB, 308 ** Meyer (^{2}1997) 204.206–208

Volker Ochs (*1929), langjähriger Landessingwart in Berlin-Brandenburg und Dozent für Kirchenmusik in Dahme/Mark, ließ sich durch Spruchvertonungen im katholischen „Gotteslob“ zur Komposition von Singsprüchen anregen, „die antiphonar zu Liedern des Gesangbuches, d. h. vor und zwischen den Strophen zu singen wären oder einen Gottesdienst thematisch durchziehen könnten.“[1]

Ochs formt hier einen Singspruch aus Gottes Versprechen an Abraham: *Und ich will dich zum großen Volk machen und will dich segnen und dir einen großen Namen machen, und du sollst ein Segen sein*, nachdem er ihn zuvor aufgefordert hatte, in ein unbekanntes Land aufzubrechen (1. Mose 12,1). Der biblische Vers wird auf einen Satz komprimiert: *Ich will dich segnen und du sollst ein Segen sein*. Damit wird die Segensverheißung an Abraham verallgemeinert und geöffnet für alle, die sie hören.[2] Im Zusammenhang des Buches Genesis folgt mit der bedingungslosen Selbstbindung Gottes an Abraham der Schritt von der Menschheitsgeschichte zur Geschichte Israels. Gott will Abraham (und mit ihm Israel) so mit Segen beschenken, dass er ein Zeichen seines Heilswillens für alle sein wird. So sollen sich auch die anderen Völker danach sehnen, Anteil an dem Abraham und Israel zuteil gewordenen Segen zu bekommen.

Segen ist im Alten Testament die „Kraft der Fruchtbarkeit, des Wachsens, des Gelingens“ (Claus Westermann).[3] Obwohl er seinem Wesen nach „ungeschichtlich“ ist (Westermann), wird er in 1. Mose 12,1–3 mit der Geschichte Abrahams, seiner Familie, seines Volkes und der ganzen Menschheit verbunden. Ochs schließt sich der Lesart *Du sollst ein Segen sein* an.[4] Dies ist sachgerecht, da sich schon in 1. Mose der Segen des Gesegneten fortzupflanzen und dessen Umgebung „anzustecken“ vermag, z. B. bei Jakob und Laban

[1] Meyer, 204. In das EG sind von Ochs außerdem die Singsprüche *Seht auf und erhebt eure Häupter* (EG 21) und *Also hat Gott die Welt geliebt* (EG 28) aufgenommen worden.

[2] Vgl. Westermann, Genesis I/2, Neukirchen-Vluyn ^{2}1989, und Ina Willi-Plein, Das Buch Genesis. Kapitel 12–50, in: Neuer Stuttgarter Kommentar Altes Testament, Stuttgart 2011, 27ff.

[3] Westermann, Genesis I/2, 172.

[4] Diskutiert wird auch: *Er* (der Name) *soll ein Segen sein*.

(1. Mose 30,27)[5], und nicht zuletzt in der Rezeption des Bibelverses durch eine christliche Gemeinde (vgl. Gal 3,6–14).

Nach Westermanns dogmatischer Grundlegung, in der er das segnende Handeln vom rettenden Handeln Gottes unterschied,[6] erwachte erst in den letzten Jahrzehnten im Zuge einer sukzessiven Re-Sakralisierung (Stefan Knobloch)[7] und im Kontext der ökologischen Krise ein neues kirchliches Interesse am Segen.[8]

Zum Musikalischen: Die kleine, leicht singbare D-Dur-Melodie beginnt auf dem Grundton und kulminiert in der Sexte (*h'*) mit der thematischen Silbe *seg-*, bevor sie wieder herabfällt und mit der Terz (*fis'*) schließt. Sie verläuft überwiegend diatonisch und in wenigen Terzsprüngen. Entsprechend einfach ist auch die Harmonik, es begegnen Tonika-Parallele, Subdominante und Dominante. Das Eingangswort *Gott* bildet melodisch und harmonisch das Fundament.

Interessanter sind Metrum und rhythmische Gestaltung: Die Singweise gliedert sich in sechs Takte und drei Teile, die an Bewegtheit und Lebendigkeit zunehmen. Sind die ersten beiden Phrasen volltaktig gedacht, ist die letzte Phrase auftaktig gebaut. Diese Dynamisierung wird auch durch die Zahl der Silben bzw. Töne bestätigt: Die erste Phrase besteht aus drei Tönen, die zweite aus fünf, die letzte aus sieben. So wird gleichsam hörbar, wie sich der Segen ausbreitet.

Die Melodieeröffnung erinnert an die beiden Paul-Gerhardt-Lieder *Fröhlich soll mein Herze springen* (EG 36, Mel. Johann Crüger) und *Warum sollt ich mich denn grämen* (EG 370, Mel. Johann Georg Ebeling). Mit beiden Liedern hat unser Singspruch auch den getrosten Ton gemeinsam.

Die Einordnung des Singspruchs in der Rubrik Rechtfertigung und Zuversicht überrascht. Man würde das Stück vom Text her eher in der Rubrik Sendung und Segen oder bei der Taufe erwarten. Auch eine Anordnung nach dem Lied *Abraham, Abraham* (EG 311) wäre einsichtig gewesen. Vielleicht stammt der Vorschlag für die Platzierung im Gesangbuch vom Autor selbst, der anregt, das Stück im Wechsel mit den es im Gesangbuch rahmenden Liedern *Ach bleib mit deiner Gnade* (EG 347) und *Ich freu mich in dem Herren* (EG 349) zu singen.[9]

Liturgisch kann das Stück gut am 5. Sonntag nach Trinitatis verwendet werden, wenn 1. Mose 12,1–4a gelesen (oder gepredigt) wird, oder am 6. Sonn-

[5] Vgl. Westermann, Genesis I/2, 174, und Gerhard von Rad (Das erste Buch Mose, Göttingen [12]1987), der bereits diese Meinung vertritt und den Satz „wie ein[en] Befehl an die Geschichte" empfindet (122). Ähnlich Ina Willi-Plein, Genesis 12–50, 28.

[6] Vgl. Claus Westermann, Der Segen in der Bibel und im Handeln der Kirche, München 1968.

[7] Art. Segen/Segnung, RGG[4], Bd. 7, 1128–1137, 1128.

[8] Vgl. Manfred Josuttis, Der Weg in das Leben. Eine Liturgik auf verhaltenswissenschaftlicher Grundlage, München 1991; ders., Segenskräfte. Potentiale einer energetischen Seelsorge, Gütersloh 2000; zusammenfassend: Jochen Cornelius-Bundschuh, Art. Segen und Fluch, VI. Praktisch-Theologisch, TRE, Bd. 31, 93–96, bes. 93f.

[9] Vgl. Meyer, 204.

tag nach Trinitatis, dem traditionellen Taufgedächtnissonntag, oder auch als biblisches Sendungswort vor dem Segen oder bei der Taufe.

Denkbar wäre auch ein antiphonaler Gebrauch im Zusammenhang eines Psalmgebetes, etwa bei Psalm 67, oder eines entfalteten Segens.

Bernhard Schmidt

376 So nimm denn meine Hände

EG 376ö RG 695ö CG 870ö EM 372ö

Text

Verfasser Julie Hausmann **Quelle** *Maiblumen. Lieder einer Stillen im Lande.* (Gustav Knak), Berlin 1862 **Überschrift** *Ich will Dir folgen, wo Du hingehst* **Besonderes** In der Q sechs vierzeilige Strophen, die aufgrund der zugeordneten Melodie in den Gesangbüchern zu drei achtzeiligen Strophen zusammengefasst werden **Strophenbau** A7/3a-A4/2b A7/3a- A4/2b A7/3c- A4/2d A7/3c- A4/2d **Abweichungen** 2,3 *endlich* stille; 3,1 *gar* nichts; 3,3 *führst* * RG: frz. und ital. Übersetzung **Verbindung TM** in der Q ohne N * Z III,5235 (Hille 1886)

Melodie

Incipit 5 6543 3_2 **Verfasser** Friedrich Silcher **Quelle** *Zwölf Kinderlieder für Schule und Haus* [...] Heft III (Friedrich Silcher), Tübingen [1843] **Ausgabe** Z III,5234 **Ambitus** G: 8; Z: 53(53)6444 **Abweichungen** zweistimmig; Quarte höher; Z. 8 letzter Ton Halbe mit Viertelpause * RG: mit 4st. Satz (1955); Ton höher * EM: mit 4st Satz (nach Friedrich Silcher 1842); Ton höher **Verbindung MT** in der Q: *Wie könnt' ich ruhig schlafen*

Literatur

HEG II, 134.301 ** ThustB, 334f ** EEKM (1888) III, 445; Nelle (1918) 348–352; Petrich (²1924) 192–194; Schlunk (1951) 320; RößlerL (²2001) 167–169.335 ** RÖHRIG, Karl: Die ursprüngliche Textgestalt von „So nimm denn meine Hände", MGKK 30 (**1925**) H. 4/5, 115–117 * Ist „So nimm denn meine Hände" ein Trauungslied? Ein Briefwechsel, WüBll 25 (**1958**) 118f * HOFMANN, Friedrich: „So nimm denn meine Hände und führe mich". Zum 150. Geburtstag von Julie von Hausmann, GuK **1975**, 11f * SAUER-GEPPERT, Waltraut Ingeborg: „So nimm denn meine Hände". Analyse des Textes, JLH 27 (**1983**) 207–215 * MARTI, Andreas: „So nimm denn meine Hände ...". Analyse der Melodie, JLH 27 (**1983**) 215–224 * SCHNEIDER-BÖKLEN, Elisabeth: Der Herr hat Großes mir getan – Frauen im Gesangbuch, Stuttgart **1995**, 75–89 * MARTI, Andreas: Singen – Feiern – Glauben. Hymnologisches, Liturgisches und Theologisches zum Gesangbuch der Evangelisch-reformierten Kirchen der deutschsprachigen Schweiz, Basel **2001**, 127 * FISCHER, Michael: So nimm denn meine Hände, Internetveröffentlichung **2005** (http://www.freidok.uni-freiburg.de/volltexte/5957/pdf/Liedkommentar_So_nimm_denn_meine_Haende.PDF) * BRUSNIAK, Friedhelm: Silcher, Philipp Friedrich, MGG² Personenteil 15 (**2006**) 794–798 * KLEK, Konrad: „So nimm denn meine Hände ...". Rehabilitation des Gefühls im Evangelischen Gesangbuch mit Liedern aus dem 19. Jahrhundert?, GAGF 03/**2008**, 39–43 * MARTI, Andreas: „So nimm denn meine Hände", MGD 64 (**2010**) 260–262

Im Jahre 1862 veröffentlichte der Berliner Pfarrer Gustav Knak unter dem Titel „Maiblumen“ eine Sammlung von Gedichten der im Baltikum lebenden Verfasserin Julie Hausmann.[1] Dabei musste er vermeiden, ihren Namen zu nennen, denn die scheue und zurückgezogen lebende Dichterin wünschte, anonym zu bleiben, und genehmigte die Veröffentlichung, „wenngleich es dem natürlichen Zagen und Bangen des Herzens schwer ist, an die Oeffentlichkeit treten zu lassen, was so lange fast nur mein Eigenthum gewesen“.[2]

Mit dem Untertitel „Lieder einer Stillen im Lande“ wies der Herausgeber auf die Verbindung zu außerkirchlichen pietistischen Traditionen in der Nachfolge Gerhard Tersteegens hin. Die Gedichte wurden in mehreren Auflagen nachgedruckt und waren in Kreisen der Erweckungsbewegung sehr beliebt. *So nimm denn meine Hände* ist das einzige Lied dieser Sammlung, das umfassende Verbreitung gefunden hat. Weit weniger bekannt geworden ist ihr Passionslied *Wenn ich die Dornenkrone auf Deinem Haupte seh*, das sich hauptsächlich in Erweckungsliederbüchern (z. B. Reichslieder) findet. Die schnelle Verbreitung des Liedes *So nimm denn meine Hände* gibt Rätsel auf, weil nicht bekannt ist, in welchem Liederbuch oder Einzeldruck Text und Melodie erstmalig zusammen erschienen. Wilhelm Nelle berichtet von einer Festwoche im Sommer 1869 in Basel, bei der das Lied an einem Nachmittag bei der Bahnfahrt nach Beuggen bereits im Zug von allen Teilnehmern gesungen worden ist und „allgemein der von überall her aus Süddeutschland und der Schweiz zusammengeströmten Festwochengemeinde bekannt war“.[3] Er bestätigt, dass es schon damals auf die Melodie Friedrich Silchers gesungen wurde, von der er annimmt, Julie Hausmann selbst habe diese Melodie gewählt. Spätestens 1880 finden wir das Lied in einem reformierten Gesangbuch, nämlich in St. Petersburg, dem Wohnort der Dichterin.[4] Von da an nehmen zahlreiche andere Gesangbücher das Lied auf.[5]

Zu einer Distanzierung von dem Lied kommt es zunächst nur im Hinblick auf seine gottesdienstliche Verwendung, weil das Lied zu den liturgisch zweitrangigen „Geistlichen Volksliedern“ gezählt wurde. Aber Bedenken wurden auch gegen den Text selbst laut, weil ihm biblische Bezüge und eine „spezifisch christliche Bildlichkeit“ fehlen.[6]

[1] Der Adelstitel „von Hausmann“ bezog sich nur auf ihren Vater und war nicht erblich (Röhrig, 115).

[2] Aus einem Brief der Autorin an Knak, zit. im Vorwort zu den „Maiblumen“.

[3] Nelle 1918, 350.

[4] Evangelisches Gesangbuch für Kirche, Schule und Haus, hg. von der deutsch-reformierten Gemeinde zu St. Petersburg, St. Petersburg 1880, Nr. 357 (ohne Noten mit dem Hinweis „eigene Melodie“).

[5] Frankfurter Evang. Gesangbuch 1886, Nr. 342 (Silcher-Melodie im Melodienbeiheft); Kleines Gesangbuch für Kindergottesdienste der evang.-luth. Kirche, Leipzig [4]1886, Nr. 107 (Silcher-Melodie im 4st. Satz); Kinderharfe, Liederbuch für evang. Kindergottesdienste/Sonntagsschulen, Berlin [75]1894, Nr. 97; Evang. Gesangbuch für Elsaß-Lothringen, Straßburg 1899, Nr. 406 (Silcher-Melodie).

[6] Sauer-Geppert, 213.

Der Blick in den Erstdruck zeigt allerdings etwas anderes. Schon die Überschrift ist ein Bibelwort und wird als solches in Anführungsstriche gesetzt: *Ich will dir folgen, wo du hingehst*, ein wörtliches Zitat von Matthäus 8,19, wo ein Schriftgelehrter Jesus nachfolgen möchte und diesen Satz spricht. In Str. 1 wird der Gedanke an die Führung Gottes wie in Jesaja 58,11 (*Der Herr wird dich immerdar führen*) zum Thema des ganzen Liedes. Das *Ruhen zu deinen Füßen* in Str. 2 erinnert an die Geschichte von Maria und Martha in Lukas 10,39, wo Maria zu Jesu Füßen sitzt. In Str. 3 heißt es *du führst mich doch zum Ziele,/ auch durch die Nacht.* Das Ziel ist nach Str. 1 *mein selig Ende.* Das erinnert an Psalm 39,5 *lehre doch mich, dass mein Leben ein Ziel hat und ich davon muss.* Manche biblischen Gedanken sind nur angedeutet. Das betrifft vor allem die Anrede: Wer soll eigentlich die Hände nehmen und führen? Wer ist mit dem Du durch das ganze Lied hindurch gemeint? Es kann eigentlich kein Zweifel bestehen, dass Gott damit gemeint ist und die Nachfolge Jesu nach Matthäus 8,19, aber die Dichterin spricht es nicht aus.

Andererseits äußert sie Gedanken, die dem biblischen Glauben fern stehen. Dazu gehört der Satz in Str. 2: Das arme Kind *will die Augen schließen / und glauben blind.* Glauben wird in der Bibel nicht mit geschlossenen Augen oder Blindheit verbunden, sondern im Gegenteil mit geöffneten Augen. *Euch geschehe nach eurem Glauben. Und ihre Augen wurden geöffnet* (Mt 9,30). Die Blindheit verschwindet, wenn einer glaubt. Ähnlich heißt es bei der Geschichte von den Emmausjüngern: *Da wurden ihre Augen geöffnet, und sie erkannten ihn* (Lk 24,31). Nicht die wache Gotteskindschaft des Menschen wird in dem Lied beschrieben, sondern die Infantilität eines Regredierenden, der die Augen schließt und ohne Wahrnehmung des Nächsten, ohne Denken und Vernunft sich seinem Gefühl hingibt. Es wird ein Menschenbild gezeichnet, bei dem die Selbstständigkeit aufgegeben wird (*ich mag allein nicht gehen,/ nicht einen Schritt*). Es ist kein Zufall, dass zu den frühesten Drucken vor allem Kinderliederbücher (s. Anm. 5) gehören, weil man *So nimm denn meine Hände* als für Kinder besonders geeignet empfand und in dem unkritischen „Kinderglauben" ein Vorbild sah.

Vor allem Str. 2 wurde oft als Hinderungsgrund angesehen, das Lied in ein Gesangbuch aufzunehmen. Im Württembergischen Gesangbuch von 1912 wird ausdrücklich darauf hingewiesen, dass das ganze Lied „nicht für den Gesang im Gottesdienst bestimmt" ist.[7]

Aus einem anderen Grunde wurde die zweite Strophe im Gesangbuch der Bremer Deutschen Christen ausgelassen.[8] Das schwache Herz, das in Erbarmen gehüllt sein möchte, passte nicht zur germanischen Herrenrasse, sondern zeugte nach nationalsozialistischer Meinung von Sklavenmoral und Untertanengeist.

Im 20. Jh. hat das Lied durch das DEG (Nr. 369) zunächst weite Verbreitung gefunden, ist aber dann trotz seiner Beliebtheit in Gemeinschaftskreisen weithin

[7] Gesangbuch für die evangelische Kirche in Württemberg, Stuttgart 1912, Nr. 340.
[8] Gesangbuch der kommenden Kirche, Bremen [1939], Nr. 176.

in offiziell-kirchliche Ungnade gefallen und schließlich aus den Gesangbüchern getilgt oder in den weniger verbindlichen Anhang verbannt worden. Seine Beliebtheit beruhte vor allem auf der häufigen Verwendung bei Beerdigungen und bei Trauungen, wo sich schon früh das Missverständnis verbreitete, der Bräutigam solle die Hand der Braut nehmen.[9] In das EG kehrte das Lied, das trotz seiner langjährigen Eliminierung immer beliebt geblieben war, zurück. Die Erfahrung seiner Unvermeidbarkeit in der Kasualpraxis mag der Grund dafür gewesen sein, kaum eine ernstgemeinte theologische Befürwortung, die sich auf den Inhalt bezieht.

Der Originaltext von Julie Hausmann ist später verändert worden. Ursprünglich klang er etwas ungeduldiger: Str. 2 *und mach es endlich stille* und Str. 3 *Wenn ich auch gar nichts fühle.* In Str. 3 wird der Gedanke des Führens durch eine Änderung noch einmal aufgenommen, wenn es statt *du bringst mich doch zum Ziele* heißt *Du führst mich doch zum Ziele.*

Die Dichterin hatte das Lied auf sechs kurze Strophen zu jeweils vier Zeilen angelegt. Die erste Strophe war identisch mit der sechsten. Mit der Melodie Friedrich Silchers wurden jeweils zwei Strophen in eine gefasst, so dass drei Strophen mit je acht Zeilen entstanden. Der unterschiedliche Strophenbau legt nahe, dass die Dichterin bei ihrem Text zunächst nicht an Silchers Melodie gedacht hat. Petrich berichtet, J. Hausmann habe zu ihren Strophen „eine eigene vierzeilige Melodie aufgesetzt, die wohl ihre persönliche Seelenstimmung zum Ausdruck bringt, aber über Bedürfnis und Charakter des Volksgesanges wesentlich hinausgeht."[10] Näheres ist darüber nicht bekannt. Jedenfalls ist der Erfolg des Liedes wesentlich der Melodie Friedrich Silchers zu verdanken. Er hatte sie zwanzig Jahre vor Erscheinen der „Maiblumen" für das Abendlied von Agnes Franz *Wie könnt ich ruhig schlafen* geschaffen und mit einem zweistimmigen Satz in Terz- und Sextparallelen versehen. Gelegentlich werden in Gesangbüchern beide Lieder nebeneinander veröffentlicht.[11] Dem Lied von Agnes Franz wird dadurch ein Ehrenplatz zugewiesen, den es zweifellos verdient hat. Außer Friedrich Silcher haben noch andere Komponisten Melodien für Julie Hausmanns Text geschrieben, ohne dass diese sich durchsetzen konnten.[12]

Die Melodie Silchers musste sich immer wieder den Vorwurf der Sentimentalität gefallen lassen, obwohl es für diese Bewertung kaum Anhaltspunkte gibt. Dazu kommt, dass der Komponist als Exponent romantischer Männerchormusik gilt und dadurch von einer Ablehnung sowohl der Romantik als auch des Männerchorwesens durch die Jugendmusikbewegung besonders betroffen war. Die Melodie beginnt in kleinen Tonschritten und umspielt die Mittellage. Danach schwingt sie sich in größeren Intervallschritten emphatisch bis zur Oktave

[9] Nelle 1918, 351.

[10] Petrich, 197.

[11] Große Missionsharfe, 1. Bd., Gütersloh ^{25}1920, Nr. 265 *Wie könnt ich ruhig schlafen* und Nr. 266 *So nimm denn meine Hände*; Gesangbuch für die evang. Kirche in Württemberg, Stuttgart 1912, Nr. 467 und Nr. 340.

[12] Röhrig, 117, nennt Ernst Flügel, Karl Reinecke und Eduard Hille.

auf, von der sie dann in kleinen Schritten absteigt und erst ganz am Schluss zum ersten Mal den Grundton erreicht. Dadurch formt sie mit einfachen und volkstümlichen Mitteln einen Bogen, der mit dem Text der einzelnen Strophen eine Einheit bildet. Dabei ist eine sinnvolle Betonung der inhaltlichen Schwerpunkte vor allem in der ersten Strophe deutlich, was beispielhaft an den beiden Schlusszeilen zu sehen ist. Str. 1: *wo du wirst gehn und stehen,/ da nimm mich mit.* In den beiden anderen Strophen ist die Betonung eher zufällig. Str. 2: *es will die Augen schließen / und glauben blind.* Str. 3: *bis an mein selig Ende / und ewiglich.*

Die weitverbreitete Geschichte, Julie Hausmann sei mit einem Missionar verlobt gewesen, wäre zu ihm auf die Missionsstation gefahren, um ihn zu heiraten, am Ziel angelangt habe sie jedoch erfahren, dass er kurz zuvor verstorben war[13], gehört ins Reich der erbaulichen Legende und hat keinen historischen Hintergrund.

Das Lied stellt Kirchenleitungen, Pfarrer und Gemeinden vor die Frage, wie weit sie bei Kasualien auf die Wünsche der Angehörigen eingehen möchten. Die theologische Ablehnung eines Liedes kann in einen Gegensatz geraten zur seelsorgerlichen Rücksichtnahme im Einzelfall, denn ohne Zweifel gibt es Situationen, in denen es tröstlich sein kann, wenn das schwache Herz, das von Gottes Macht nichts mehr spürt, sich in sein Erbarmen hüllen lässt und sich vertrauensvoll führen lässt, weil es selbst keinen Weg mehr weiß. Wenn Depressionen und Erfahrungen des Ausgebranntseins häufiger werden, können die Gedanken dieses Liedes eine neue Aktualität gewinnen.

Hilfreich ist bei Kasualien ein Gespräch mit den Angehörigen darüber, was sie mit diesem Lied verbindet und was sie mit ihm erlebt haben.

WOLFGANG HERBST

[13] Schneider-Böklen, 78.

378 Es mag sein, dass alles fällt

RG 697(T) EM 376(T)

Text

Verfasser Rudolf Alexander Schröder **Quelle** *Ein Lobgesang. Neue Lieder für Kirche und Haus* (Rudolf Alexander Schröder), Berlin 1939 **Überschrift** *Es mag sein* **Ausgabe** Rudolf Alexander Schröder, Gesammelte Werke in fünf Bänden, Bd. 1 Die Gedichte, Frankfurt/M. 1952, 924f **Strophenbau** 7/4a 7/4a 8/4b- 7/4c 7/4c 6/3b- **Verbindung TM** in der Q ohne M * Samuel Rothenberg (1941; RG; EM); Rudolf Zöbeley (1941); Christian Lahusen (1948)

Melodie

Incipit 11 553b2 1_ **Verfasser** Paul Geilsdorf **Quelle** *Härtensdorfer Choralbüchlein 1940*, Chemnitz/Leipzig 1940 **Ausgaben** EKG-Anhang Sachsen **Ambitus** G: 7b; Z: 545446b **Abweichung** Taktvorschrift c **Verbindung MT** wie EG

Literatur

HEG II, 105f.282f mit Ergänzungen in JLH 47 (2008) 202 ** ThustB, 33 ** BLOCK, Detlev: Das Lied der Kirche. Gesangbuchautoren des 20. Jahrhunderts I, Lahr **1995**, 109–157, bes. 135–137 * WIGGERMANN, Karl-Friedrich: Vertraut den neuen Wegen – Dichter des 20. Jahrhunderts im EG, Stuttgart **1996**, 40–60

Rudolf Alexander Schröder dichtete inmitten der Zeit des Nationalsozialismus und noch vor Ausbruch des 2. Weltkriegs, ein Kirchenlied, das geradezu eine Vision der Katastrophe am Ende des „Tausendjährigen Reiches“ entwirft: *Es mag sein* – so beginnt jede der fünf Strophen. Die rhetorische Figur der Wiederholung des Satzanfangs (Anapher) spielt im Kirchenlied seit jeher eine Rolle und dient hier der Intensivierung. Neun Jahre nach Entstehen der Dichtung war aus Möglichkeit schreckliche Wirklichkeit geworden: ... *dass alles fällt*: Millionen von Toten an den Fronten, in Städten, in Vernichtungslagern. *Die Burgen dieser Welt:* nur noch Trümmerhaufen. *Trug und List*: *eine Weile Meister*, jetzt endgültig entlarvt. *Frevel* und *Feuer* vergehend und verrauchend. *Missetat und Missgestalt* allenthalben. *Angst und Sorge* verfinstern die Zukunft. Eben das haben die Menschen vor und nach 1945 erlebt und erlitten. Hat Schröder es als Möglichkeit vorausgeahnt? Er hat zum Glauben aufgerufen, in der Gewissheit:

Halte du den Glauben fest,
dass dich Gott nicht fallen lässt:
er hält sein Versprechen.

Rudolf Alexander Schröder dachte und dichtete als national-konservativer Protestant. Die Nationalsozialisten waren ihm zu grobschlächtig, zu ungebildet.

Auch konnte er als Christ ihren Antisemitismus ebenso wenig billigen wie ihren ins Religiöse übergreifenden Führerkult. Er orientierte sich viel mehr an der Antike und am deutschen Kulturerbe. Dichterisches Maß nahm er an der artifiziellen Sprache des 16. und 17. Jh. Die deutsche Kultur (als deren Teil er sich ansah) galt ihm als den meisten anderen Kulturen überlegen. Hier wie auch in einigen anderen Punkten ist (wie auch sonst bei „deutschnational“ Gesinnten jener Zeit) eine gewisse Nähe zum Nationalsozialismus nicht zu übersehen.[1]

Was aber hat ihn zu dem Entwurf eines solchen Katastrophenszenarios bewogen? Das war ja im damaligen Umfeld alles andere als opportun. *Es mag sein*? Die „Vorsehung“ würde solch ein schnelles Ende des „Tausendjährigen Reiches“ nicht zulassen. Da durfte der „Führer“ doch unbeirrten Glauben an seine Sache erwarten! Alle Unüberwindlichkeit, die man sich zusprach, fiele in sich zusammen, wenn man die von Schröder für möglich gehaltene Katastrophe auch nur in Erwägung zog. Wollte Schröder die Konsequenzen national-rassistischer Hybris aufzeigen?

Bei näherem Hinsehen zeigt sich schon ab Strophe 1 eine ganz andere Blickrichtung: *Halte du den Glauben fest,/ dass dich Gott nicht fallen lässt.* Gewaltsame Erschütterungen dieser Welt, dazu ihr sittlicher Tiefstand sind für den Christen, der in einer solchen Welt zu leben hat, Prüfstein und Erprobungsfeld: für seinen Glauben, sein Gottvertrauen, sein Verhalten. Es ist kein zeitgebundenes Konzept, das dem Lied zugrundeliegt und in ihm ausgeführt wird. Es ist gespeist aus apokalyptischen, eschatologischen Vorstellungen der Bibel, verstärkt durch den pointierten vanitas-Gedanken der barocken Dichtung, die Schröder nicht nur stilistisch rezipiert, und steht in der Tradition des Kirchenliedes. Mögen die scheinbar festen *Burgen dieser Welt ... in Trümmer brechen*, so wird dem Glauben doch die wahre *feste Burg* (EG 362) versprochen, nämlich Gottes absolute Verlässlichkeit. Wenn das Lied ‚Prophetie‘ enthält, so eine immer gültige. In dieses Konzept ist aber für Schröder auch der Krieg eingeschlossen. „Ein jeder weiß es, Krieg ist Krieg und Prüfung kommt vom Herrn“, dichtete er zu Beginn des 1. Weltkriegs.[2] Ein durchaus fragwürdiger Standpunkt!

Nach klassischen Vorbildern (z. B. Paul Gerhardt, etwa EG 477) konfrontieren die erste und die folgenden Strophen jeweils eine innerweltliche Aussage mit einer geistlichen. Am Ende jeder Strophe steht die Zuversicht, dass am Ende allein Gott obsiegen wird: *Er hält sein Versprechen.*

Strophe 2: Zuzeiten scheinen *Trug und List* allbeherrschend (dachte der Dichter hier etwa an den Reichspropagandaminister?), doch in Wahrheit zählt nur,

[1] Ein Gutachten von Katharina Uhl hat zu Schröders zwiespältigem Verhältnis zum Nationalsozialismus und zu seiner Einstellung in der Nachkriegszeit reiches Material aufgespürt: Ambivalenzen im Leben und Wirken Rudolf Alexander Schröders. Ein Gutachten im Auftrag der Rudolf-Alexander-Schröder-Stiftung, Bremen 2011. Eine Papierausgabe dieses (ansonsten unveröffentlichten) Gutachtens kann bei der genannten Stiftung (Email: sekretariat@stadtbibliothek.bremen.de) angefordert werden.

[2] Nach dem Gutachten (Anm. 1) 36.

was Gott uns zuteil werden lässt (*wie Gott will, sind Gottes Gaben*), da enden nach einem Scheinglück *Trug und List. Rechte nicht um Mein und Dein* erinnert etwas an Luthers *lass fahren dahin,/ sie haben's kein Gewinn* (EG 362,4). Glaube sei stark zur Geduld und Gelassenheit: *laß es Weile haben!*

Strophe 3: *Frevel siegt, wo der Fromme niederliegt.* Gewiss. Aber ... *nach jedem Unterliegen / wirst du den Gerechten sehn / lebend aus dem Feuer gehn,/ neue Kräfte kriegen.* Wer ist hier der Fromme? Wohl der, welcher sich nicht dem *Frevel* überlässt.

Ist Schröder da nicht allzu optimistisch? Gewiss – hinter diesem Bild steht die unglaubliche Geschichte aus dem Buch Daniel von den drei Männern, die singend und betend in einem Feuerofen überleben.[3] Aber als noch zur Zeit Schröders die Katastrophe eintrat, lief es doch in allzu vielen Fällen umgekehrt: Ungerechte überlebten, Gerechte sind untergegangen. Hätten nur die Gerechten überlebt, hätte es die Feueröfen der Vernichtungslager nicht geben dürfen, nicht das Gemetzel sinnloser Schlachten, die Opfer von Bombenkrieg und Flucht. Und nicht die vielen „Steh-auf-Männchen" in hohen Positionen Nachkriegsdeutschlands. Sicherlich gab es auch wunderbare Errettungen von „Gerechten", die der Hölle entrannen. Demgegenüber wird man die Zuversicht dieser Strophe wie in den apokalyptischen Bibeltexten im endzeitlichen Sinne zu verstehen haben, als Ermutigungen, dass Gottes Güte und Treue am Ende allen Gerechten zuteil wird. Dazu auch solchen, die etwas zu bereuen haben und sich der Vergebung Gottes anvertrauen. Aber um die ganze Radikalität solcher Zuversicht zu erfassen, braucht es mehr als die einseitige Auffassung von Kriegen und Katastrophen als von Gott zur Bewährung verordneten „Stahlgewittern", jene berüchtigte Kriegsdeutung Ernst Jüngers hier gleichsam in einer scheinbar christlichen Version. Schröder hat es zugelassen, dass sein 1914 gedichtetes *Heilig Vaterland, in Gefahren deine Söhne sich um dich scharen* zum Kultgesang der braunen Unkultur wurde. Und er hat, wie Katharina Uhl im genannten Gutachten zeigt, auch nach Kriegsende fast nichts von seinem fragwürdigen Nationalbewusstsein widerrufen oder wenigstens zurechtgerückt.

Strophe 4 beginnt mit einem Widerspruch. Einerseits das erneute *Es mag sein,* dann aber die lapidare Feststellung: *die Welt ist alt,* sie wird vergehen. *Missetat und Missgestalt / sind in ihr gemeine Plagen.* Wie ist hier *Missgestalt* zu verstehen? Doch wohl als Charakterlosigkeit und Unmenschlichkeit, Missraten von Menschen und deren Unternehmungen. Auch da wieder (vgl. Str. 3): *Schau dir's an!,* verschließe nicht die Augen vor der Wirklichkeit, aber wisse und vertraue: Der *alten Welt* wird eine neue folgen. *Nur wer sich nicht schrecken lässt,/ darf die Krone tragen* (vgl. Offb 2,10). Wieder schließt die Strophe mit einer Glaubenshoffnung. Ohne solche Hoffnung nur Resignation, keine Lebens-Freude, aber diese Hoffnung darf gewagt werden. Das bleibt in Geltung, auch wenn Schröders Dichtung allzu viel aus der Wirklichkeit ausblendet.

Darum Strophe 5: *Es mag sein, so soll es sein!* Hier werden die bislang negativ

[3] Daniel 3,1–30; vgl. die apokryphen Stücke zum Buch Daniel Kapitel 3.

ins Auge gefassten Möglichkeiten *dieser Welt* (Str. 1) ins Positive gewendet. Es gibt auch die Möglichkeit einer Wendung zum Guten. Auf die – und fortan nicht mehr auf *Angst und Sorge* – darf und soll jetzt gesetzt werden. Das ist Glaubenssache. Wage es in Gottes Namen, Optimist zu sein – und überlass alles Weitere deinem Gott, *fass ein Herz und gib dich drein!* Wenn hier quasi militant zum *Streit* aufgefordert und ein Gewinnen in Aussicht gestellt wird, dann nicht im Vertrauen auf irgendwelche Menschen oder gar Waffen, nicht auf billige („Unkraut vergeht nicht") oder steile Zukunftsprognosen („Glück hat auf die Dauer nur der Tüchtige"), sondern im Vertrauen allein auf Gott: *Deine Zeit und alle Zeit / steht in Gottes Händen*, schließt das Lied mit Psalm 31,16a.

Zu diesem Lied entstanden mehrere Melodien, z. B. von Schröders (im EG fünffach vertretenem) Bremer Landsmann Christian Lahusen. Im EG fiel die Wahl auf eine andere Weise. Als das Lied in den sächsischen Anhang des vorigen Gesangbuchs (EKG) aufgenommen wurde (Nr. 455), griff man bereits auf eine Vertonung zurück, die der Chemnitzer Kantor und Kirchenmusikdirektor Paul Geilsdorf für eine Tagung in Härtensdorf unter dem Thema „Vom Wort und Lied der Kirche" schuf. Sie wurde anschließend mit elf anderen Texten (allesamt von Geilsdorf vertont) im März 1940 in einem „Härtensdorfer Choralbüchlein" veröffentlicht. Diese Melodie kam nun auch in das EG.

Sie bewegt sich in durchaus traditionellen Bahnen. Von den sechs Zeilen bleiben fünf im e-Moll-Raum zwischen Grundton *e* und Oberquinte *h*. Nur die dritte Zeile transponiert die Quinte um eine kleine Terz nach oben, wendet sie damit in den G-Dur-Raum. Nach einem ersten nachdenklichen Aufschwung – *es mag sein* – fällt die erste Zeile alsbald zum Ausgangston zurück, *alles fällt*. Aus diesen beiden Melodie-Elementen entwickelt sich alles Weitere: Intervallsprünge, ein paar Quinten, zahlreiche Terzen und dazu auf- und absteigende Skalen. Erst in zwei weiteren Anläufen vermag die Melodie die Oberquinte nicht nur zu berühren, sondern zu befestigen. Die Wendung nach Dur ist nicht vom Text her zu interpretieren, sie kommt rein musikalisch-funktional zustande, als „Zwischenhoch" sozusagen, und als Zäsur in der Melodiemitte. Dazu wird anfangs der dritten Zeile der Spitzenton *d* erreicht. Zwei Zeilen, die bis auf den Endton identisch sind, befestigen die Glaubensgewissheit, *dass dich Gott nicht fallen lässt*. Die Schlusszeile hebt noch einmal hervor, auf wen allein Verlass ist: *Er hält sein Versprechen*. In einer entspannt absteigenden Sexte wird dies zur tröstlichen Gewissheit.

Wie schon angedeutet, ist das keine grandiose Melodieschöpfung, aber gediegenes Handwerk im Dienst der Dichtung Schröders. Das Lied will Glaubensgetrostheit vermitteln. Und das angesichts der Konsequenzen heillosen, ja mörderischen Kriegsgeschehens. Ob gewollt oder nicht: Faktisch überschreitet diese Apokalypse dann doch die nationalkonservative Welt des nationalkonservativ distanzierten Dichters in der Nazizeit. Allgemein empfinden wir Schröders Dichtungen in der artifiziellen Sprache einer fernen Vergangenheit heute als ferne Welt. Nicht zuletzt deshalb ist sein Anteil am Liedbestand des EG gegenüber dem EKG auf drei zurückgegangen. Unser Lied ist darin im Vergleich zu den beiden andern Texten im EG (184 und 487) und erst recht zu den aus dem EKG nicht übernommenen noch zurückhaltend.

Eher ist zu fragen, ob wir uns noch von den Katastrophenszenarien dieses Liedes ernstlich bedrängt fühlen? Können wir das in unserer vergleichsweise entspannten, scheinbar unbedrohten Gegenwartssituation überhaupt noch glaubwürdig singen und sagen? Wo könnte dieses Lied heute im Gottesdienst angesagt sein? Ein denkbarer Anlass dürfte der Volkstrauertag sein, der im Gedenken an die Vergangenheit einen Weg in eine (hoffentlich friedvolle) Zukunft zu weisen hat. Vielleicht auch der Bittgottesdienst in einer Krisensituation. Wenn wir nur ein wenig über unsere kleine Welt hinausblicken, wozu die Medien uns ja reichlich Gelegenheit bieten, gibt es genug Anlässe, sich zu fürchten, und Bedarf, sich trösten und ermutigen zu lassen. Dies Lied kann uns aufrütteln, Glaubensmut auch gegenüber weltlichen Ideologien und Verführern zu bewähren und uns für eine wahrhaft menschliche Gesellschaft stark zu machen. Allzu leicht könnten wir vergessen, dass dieses Engagement zu einem wahrhaft starken Gottvertrauen wesentlich hinzugehört. *Es mag sein, so soll es sein!/ Fass ein Herz und gib dich drein;/ Angst und Sorge wird's nicht wenden./ Streite, du gewinnst den Streit!* Denn: *Deine Zeit und alle Zeit / steht in Gottes Händen.*

JOACHIM STALMANN

413 Ein wahrer Glaube Gotts Zorn stillt

Text

Verfasser Nikolaus Herman **Entstehung** spätestens 1560, Vorwort der Quelle **Vorlagen** Mt 5,38ff (Bergpredigt); 1. Kor 13; Str. 4: Mt 6,3; Str. 5: Mt 5,43–45 **Quellen** (a) *Die Historien der Sindfludt. Joseph, Mose, Helie, Elisa, und der Susanna, sampt etlichen Historien aus den Evangelien, Auch etliche Psalmen und geistliche Lieder* (Nikolaus Herman) Wittenberg 1562 (DKL 1562[03]) * (b) EKG 246 (gekürzte Liedfassung) **Überschrift** (a) *Von ungeferbter Christlicher liebe des Nehesten. Im vorigen Thon* (*Frewt euch, ir Christen alle gleich*) **Ausgaben** W III,1421 **Besonderes** Kompilation einzelner Strophen **Strophenbau** A8/4a A8/4a A8/4b A8/4b vgl. Frank 4.58 **Abweichungen** (a) 1,4 *dabey* ein; 2,2 *darbey* man *sein* Jünger *erkennt*; nach 2: 3. *Ja, bey der lieb man spüret frey*; nach 3: 5. *Die Lieb verhebt keim jr wolthat*; 6. *Sie weis, das sie mehr schüldig ist*; 7. *Ob gleich jr viel erkennen nicht*; (EG Str. 4 = (a) 8,1 + 2; 9,3 + 4); 4,3 Was *sein* rechte Hand *reichet* dar; nach 4: 9. *Wo nicht, so kömmerts jn nicht sehr*; 10. *Wer seim Nehsten dient vff gewin*; 11. *Den lohn solln wir im Himmelreich*; 6,1 Die lieb ist *langmütig, freundlich*; (EG Str. 7 = (a) 14,1+2; 16,3+ 4); 7,3 *Gott geb*, was man sag oder sing; nach 7: 15. *Dem Nehsten helt sie viel zu gut*; 16. *Sie kan verschweigen und verhörn*; 17. *Darumb die Lieb das furnembst ist* * (b) 6,1 Die Lieb ist *langmütig, freundlich* **Verbindung TM** in der Q ohne N, der angegebene Ton ist die heute als *Steht auf, ihr lieben Kinderlein* (EG 442) bekannte M (DKL III/1 Eg97A; Z I,376; DKL 1560[08]) * eigene M: Z I,481 (DKL III/4, H110; DKL 1605[05])

Melodie

s. *Lobt Gott, den Herrn der Herrlichkeit* (EG 300)

Literatur

HEKG (Nr. 246) III/2, 189–191; Sb, 385; HEG II, 145–148 ** ThustB, 357f ** DKL (1993–2010) III/1.3 Textbd., 69; RößlerL ([2]2001) 291 ** SCHULZ, Frieder: Das Malabar-Gebet. Forschungen zur evangelischen Gebetsliteratur, JLH 21 (**1977**) 95 * SAUER-GEPPERT, **1984**, 123 * ERNST, Hans-Bruno: Zur Geschichte des Kirchenliedes. Das einstimmige deutsche geistliche Kinderlied im 16. Jahrhundert, Regensburg 1985, 187.190 * ROSER, Hans: Lieder der Christen. Die Wochenlieder im Kirchenjahr – Geschichte, Hintergründe, Wissenswertes, Neukirchen-Vluyn **1995**, 49f * SCHEITLER, Irmgard: Der Beitrag der böhmischen Länder zur Entwicklung des Gesangbuchs und des deutschen geistlichen Liedgesangs (1500–1620), JLH 38 (**1999**) 157–190 (bes. 175–177) * SCHWEIZER, Rolf: Alte und neue Lieder im Wechsel, WEG V (**1998**) 95–99 (bes. 97f)

Dieses Lied des St. Joachimsthaler[1] Lehrers, Kantors und Organisten Nikolaus Herman[2], der mit mehreren Texten und Melodien im EG vertreten

[1] Heute: Jáchymov im böhmischen Erzgebirge.
[2] Vgl. HEG II, 145–148.

ist,[3] hat wie kein anderes im EG sein Zentrum im Hohen Lied der Liebe des Paulus in 1. Korinther 13, buchstabiert es nach, verbindet es mit Worten Jesu aus der Bergpredigt und dem Johannesevangelium und lässt die, die es singen, in biblische Schlüsseltexte christlicher Ethik einstimmen, sodass es im Singen zu einer Anverwandlung kommen kann.

Gleichzeitig gibt es im Gesangbuch kaum ein anderes Beispiel dafür, wie allein die Kopfzeile eines Liedes seine heutige Rezeption erschwert, wenn nicht verhindert. Die dogmatische Formel *Ein wahrer Glaube Gotts Zorn stillt* eröffnet das Lied denkbar steil und verankert die christliche Ethik, um die es im Lied geht, mit wenigen Worten in einem eigenwilligen Kernsatz der Rechtfertigungslehre. Alle Versuche, der heutigen Anstößigkeit der Kopfzeile durch eine Textbearbeitung zu entgehen, dürften zum Scheitern verurteilt sein.[4] Man wird beim Original bleiben müssen, will man beim Lied bleiben.

Das Lied erschien 1562, ein Jahr nach Hermans Tod, in Wittenberg in seinem Buch „Die Historien von der Sintflut, Joseph, Mose, Elia, Elisa und der Susanna samt etlichen Historien aus den Evangelisten [...] für Christliche Hausväter und ihre Kinder [...]". Dieses Buch, das nicht dieselbe Resonanz wie die berühmten „Sonntags-Evangelia" fand, ist ein weiteres Dokument der fruchtbaren Zusammenarbeit Hermans mit Johannes Mathesius (1504–1565), dem befreundeten Kollegen, der seit 1532 Rektor der St. Joachimsthaler „Mägdleinschul" und seit 1545 im selben Ort Pfarrer war. Mathesius berichtet im Vorwort der „Historien", dass Herman viele seiner Predigten „fein rundt und artig [...] nach form und mas der alten Meistergeseng gestelt" und „mit lieblichen Melodeien vnnd Weisen gezieret" habe. Entstanden ist das Lied spätestens 1560, denn Herman datiert das Vorwort seiner „Historien" auf den 24. August 1560 („tag Bartholomei"). Die Überschrift „Von vngeferbter Christlicher liebe des Nehesten" bedient sich eines entsprechenden Ausdrucks in 2. Korinther 6,6 (vgl. 1. Petrus 1,22). In breiteren kirchlichen Gebrauch kam das Lied erst im 20. Jh. durch das EKG. Mit diesem Gesangbuch avancierte es sofort zum Wochenlied des Sonntags Estomihi.[5]

[3] *Lobt Gott, ihr Christen alle gleich* (EG 27); *Die helle Sonn leucht jetzt herfür* (EG 437); *Hinunter ist der Sonne Schein* (EG 467); *Wenn mein Stündlein vorhanden ist* (EG 522) u. a.

[4] „Ein wahrer Glaube Gotts Wort gilt" wäre zu unbestimmt, um auszudrücken, was das Original sagt, dass nämlich die Beziehung zu Gott wieder im Lot ist. „Ein wahrer Glaub' ist Schutz und Schild" ließe im Lied offen, wovor der Glaube Schutz und Schild sei, und hätte zum Folgenden keine rechte Beziehung. In dem Liederbuch „Singet fröhlich Gott", hg. v. Harold Hennig im Auftrag der evangelischen Diakonissen-Anstalt Stuttgart 1937, steht das Lied (Nr. 125) mit der Kopfzeile „Ein wahrer Glaub das Herze stillt, daraus ein schönes Brünnlein quillt." Auch so wäre die anstößige Zorn-Thematik um den Preis einer theologischen Verflachung der Quelle der Werke der Liebe umgangen. – Der andernorts unternommene Versuch, Lazarus Spenglers Lied *Durch Adams Fall ist ganz verderbt* (EKG 243) durch Streichung der in der Rezeption problematischen, aber charakteristischen erbsündentheologischen Anfangsstrophen als *Christ ist der Weg, das Licht, die Pfort* (EG BT 620; EG Wü 612) weiter zu tradieren und in Regionalteilen zu retten, dürfte als gescheitert anzusehen sein.

[5] Ob das Lied in einem künftigen Wochenliedplan enthalten sein wird, scheint angesichts der aktuellen Rezeption eher unwahrscheinlich.

Der Strophenbau ist denkbar einfach, der paargereimte Vierzeiler gibt dieser Grundlegung christlicher Ethik eine schlichte, fassliche Form – Herman schrieb „Fur Christliche Hausveter vnd jre Kinder"! Das wird auch in der ursprünglichen Melodiezuweisung *Steht auf, ihr lieben Kinderlein* (Nr. 442) deutlich. Auch wenn „Niederschwelligkeit" im heutigen Sinn für Herman kein Kriterium war, fällt auf, dass hohe Theologie in einer schlichten, gut memorierbaren Form präsentiert wird.[6]

In der Frage, welche Rolle gute Werke in einem Christenleben spielen, war das Reformationsjahrhundert von heftigen theologischen Auseinandersetzungen geprägt. In der Lieddichtung sind die guten Werke aber nur selten ein selbstständiges Thema. Nur pauschal oder am Rande ist in reformatorischen Liedtexten von der Frucht bzw. Konsequenz des Glaubens die Rede.[7] Spätere Zeiten taten sich hier leichter.[8] Hermans Lied befasst sich für seine Zeit also durchaus einzigartig mit den ethischen Folgen des Glaubens. In der Sprachform zeigt sich eine theologische Position: Die Werke der Liebe werden indikativisch beschrieben, nicht imperativisch gefordert. Gefeit vor dem Vorwurf der Werkgerechtigkeit ist das Lied durch die Schlussstrophe, mit der die Singenden Gott um Vergebung ihrer Sünde bitten.

Der im Glauben überwundene Zorn Gottes ist das Tor des Liedes, sein Zentrum ist die Liebe. Die Kraftquelle für die Werke der Liebe liegt im Glauben, der nur knapp in der Ausgangsformel genannt wird. Oberflächlich mag man an die archaisch-kultische Besänftigung einer zürnenden Gottheit denken, mag die von Anfang an umstrittene Satisfaktionstheorie Anselms von Canterbury (1033/4–1109)[9] nachschwingen hören, als müsse ein wütender Gott durch den Glauben besänftigt werden und sei der Glaube eine Wiedergutmachung begangener Sünden. Aber die Eingangsformel des Liedes besagt in poetischer Weise nichts anderes als die Offenbarung der vor Gott und durch Gott geltenden Gerechtigkeit, die dem Glauben zuteil wird (Röm 1,17), denn Gerechtigkeit ist das semantische Feld, in das die Vokabel des Zorns biblisch gehört.[10] Gottes Zorn ist eine Kategorie prophetischer Sozialkritik (Jes 5,25; Hos 5,10), und sie erscheint im Kontext der Bundestheologie (2. Mose 4,14; 4. Mose 12,9; 25,3; 32,10; 5. Mose 29,24–26; Ri 2,14; Ps 78,21). Die Psalmbeter wissen um den Zorn Gottes (Ps 6,2; 90,7 u. ö.) und sein Ende (Ps 30,6; 78,38; 103,9). Bei Paulus spielt der Zorn Gottes eine entscheidende Rolle in seinem theologischen Wurf, Juden und Heiden in ihrer jeweiligen Beziehung zu Gott auf ein und dieselbe Ebene zu stellen (Röm 1,18–3,20), als Rückseite der beiden gel-

[6] Vgl. die in der Form schlichten, dafür theologisch hochkarätigen Kinderlieder Luthers wie *Vom Himmel hoch, da komm ich her* (EG 24) oder *Erhalt uns, Herr, bei deinem Wort* (EG 193).

[7] Vgl. EG 195,3; 341,10; 342,6f u. ö.

[8] Vgl. EG 412; 415–417; 419. Lieder wie EG 418 oder 420 formulieren ohne Umschweife ethische Imperative.

[9] Anselm von Canterbury, Cur Deus homo – Warum Gott Mensch geworden. Ausgabe Lateinisch-deutsch, hg. v. Franciscus Salesius Schmitt OSB, Darmstadt ^{3}1970.

[10] Noch im Mittelalter ist der „Zorn" des Kaisers oder Königs als des obersten Gerichtsherrn die zeremonielle Markierung dessen, dass Recht gebrochen, Unrecht geschehen ist.

tenden Gnade. Beide können nur im Glauben dem Zorngericht Gottes entgehen (Röm 3,21–8,39). Einzig der Glaube ist die angemessene Haltung gegenüber dem gerecht machenden Handeln Gottes („sola fide"). Die Wahrheit des Glaubens liegt darin, dass er Gott handeln lässt. Insofern stillt ein wahrer Glaube den Zorn Gottes. Dem Missverständnis, das in der grammatischen Logik der Kopfzeile schlummert, der Glaube des Menschen bewirke überhaupt erst, dass Gott von seinem Zorn ablasse, erliegt nur, wer den Glauben als menschliches Werk ansieht, das er gerade nicht ist.

Der steile Einstieg des Liedes erinnert daran, dass nicht nur die Gnade, sondern auch die Liebe teuer ist, nicht billig.[11] Ein Bild vom „lieben Gott", in dem Zorn keinen Platz hat, wird harmlos. Es verharmlost auch die Rechtfertigungslehre zu einem belanglosen Gutheißen alles Bestehenden und führt dazu, dass die Sünde gerade in der sozialen Dimension nicht mehr thematisiert, und zwar empört thematisiert wird. Wer Gott keinen Zorn zugesteht, verharmlost auch seine Liebe und nimmt damit auch der Nächstenliebe eine wesentliche Energiequelle. Zorn ist Gerechtigkeitskraft, d. h. Energie, wieder ins Lot zu bringen, was aus der Balance geraten ist. Der Zorn Gottes steht gerade nicht für destruktive Willkür, sondern für Berechenbarkeit Gottes.[12] Zorn kommt aus verletzter Liebe. Das Reden und noch mehr das Singen vom Zorn Gottes werden zwar gern vermieden,[13] aber „ein prinzipieller Verzicht auf die Rede vom Zorn Gottes in Gebet, Predigt und Seelsorge – womöglich verbunden mit einer Zensur überlieferter Textbestände – würde [...] das semantische Gefüge der Sprache des Glaubens insgesamt zerstören und letztlich das Evangelium als Botschaft von der in Christus erschienenen Liebe Gottes um seine ‚Pointe' [...] bringen."[14] Deshalb bleibt „das Widerwort von der zornigen Liebe Gottes"[15] und damit auch das Lied Nikolaus Hermans unverzichtbar.

Strophe 1: Von der Stillung des Zornes Gottes ist biblisch expressis verbis nur Hiob 9,13 als einer unmöglichen Möglichkeit die Rede: *Gott wehrt seinem Zorn nicht* (Revisionstext 1984) lautet bei Luther 1534 ursprünglich *... seinen zorn kann niemand stillen ...* Unter Umständen spielt Herman kontradiktorisch darauf an. Neutestamentlich steht Hermans Kopfzeile dem Wort Jesu an Nikodemus Johannes 3,36 am nächsten: *Wer an den Sohn glaubt, der hat das ewige Leben. Wer aber dem Sohn nicht gehorsam ist, der wird das Leben nicht sehen, sondern der Zorn Gottes bleibt über ihm.* An die *brüderliche Lieb* gemahnt Paulus Römer 12,10a, als das Erkennungsmerkmal der Christen schlechthin wird sie bei Johannes 13,35 apostrophiert: *Daran wird jedermann erkennen, dass ihr meine Jünger seid, wenn ihr Liebe untereinander habt.* Dass Glaube und Liebe zusam-

[11] Vgl. Dietrich Bonhoeffers berühmte Formulierungen von der teuren und der billigen Gnade zu Beginn seines Buches „Nachfolge".

[12] Vgl. Ansgar Jödicke, Art. Zorn Gottes I. Religionsgeschichtlich, RGG^4, Bd. 8, Sp. 1901.

[13] Strophen und Lieder wie EG 9,4; der Quempas Nr. 29; 64,4; 83,2; 85,4; 102,2; 146,3; 342,2f; 404,2 u. ö. werden in der Gemeindesingpraxis inzwischen in der Regel umgangen.

[14] Karl-Heinrich Bieritz, Art. Zorn Gottes. V. Praktisch-theologisch, RGG^4, Bd. 8, Sp. 1907.

[15] Ebd.

mengehören, folgt aus Jesu Zusammenfassung von Gesetz und Propheten (Mt 22,37–39) und seinem Bild vom guten Baum, der gute Früchte bringt (Mt 7,17; 12,33). Das Bild vom Glauben als dem Brunnen, aus dem die Liebe hervorquillt, ohne dass man sie dazu auffordern muss, findet sich bei Luther selbst, z. B.: „Alle christliche Lehre, Werk und Leben ... ist in den zwei Stücken Glauben und Lieben, durch welche der Mensch zwischen Gott und seinem Nächsten gesetzt wird als ein Mittel, das da von oben empfängt und unten wieder ausgibt und gleichsam ein Gefäß oder Rohr wird, durch welches der Brunn göttlicher Güter ohne Unterlaß fließen soll in andere Leute."[16] Die Schlusszeile der ersten Strophe mit der Liebe als Erkennungszeichen der Christen leitet zur zweiten Strophe über.

Strophe 2: Schon in der 1. Strophe war davon die Rede, dass an der Liebe untereinander die Jünger Jesu als solche erkennbar sind. Johannes 13,34 ist der Zentralpunkt johanneischer Ethik: *Ein neues Gebot gebe ich euch, dass ihr euch untereinander liebt, wie ich euch geliebt habe, damit auch ihr einander liebhabt.* So auch der von den Reformatoren wenig geliebte Jakobusbrief (Jak 3,11f), ergänzt um die 1. Samuel 16,7 notierte Erkenntnis, dass nur Gott ins Herz sehen kann, wir also über den Glauben anderer, auch über den eigenen nicht zu urteilen haben – *an ihren Früchten sollt ihr sie erkennen* (Mt 7,16). Diese biblischen Grundsätze verbindet die 2. Strophe miteinander. Dann überspringt die Gesangbuchfassung eine Original-Strophe, die sich noch einmal allgemein über Glaube und Liebe auslässt.

Strophe 3 beschreibt mit paulinischem Vokabular (Röm 12,7.13; Gal 6,10), angereichert durch den Gehalt einiger Worte Jesu aus der Bergpredigt (Mt 5,40f), was aus Liebe geschieht: ... *sie hilft ... jedermann, gutwillig ist sie allezeit.*

Dass die Liebe denen, die sie liebt, etwas zeigen, sie lehren möchte, geht implizit aus allen biblischen Paränesen hervor (Joh 15,9; Röm 13,10 u. ö.). Lehren heißt umgekehrt nach einer Formulierung Fulbert Steffenskys „zeigen, was man liebt".[17]

Dass die Liebe straft, hat biblischen Hintergrund (Spr 3,14; 13,24; Hebr 12,6; Offb 3,19). Dies hat zwar im Laufe der Jahrhunderte auch zu schauriger Pädagogik geführt, meint aber, dass Liebe nicht prinzipiell alles Bestehende gutheißt und rechtfertigt. Unkritische Liebe, die nicht auch zornig werden kann, ist kraftlos. Es gibt eine weit verbreitete „fahrlässige Freundlichkeit",[18] die sich über Unrecht nicht mehr empört, sondern sich in eine „hilfreiche Ohnmacht"[19] hineinargumentiert und in Isolation von 1. Korinther 13,7 nur noch duldet.

Wenn die Liebe *leiht*, degradiert sie den Nehmenden nicht zum Almosenempfänger, sondern nimmt den Bedürftigen als Partner ernst und stiftet eine

[16] Martin Luther, Kirchenpostille 1522, WA 10, 1,1, 100,8–13, zit. n. Gerhard Ebeling, Luther. Einführung in sein Denken. Tübingen [3]1978, 178.

[17] Fulbert Steffensky, Brot für die Fremden, in: Ders., Der alltägliche Charme des Glaubens, Würzburg [7]2002, 63.

[18] Fulbert Steffensky mündlich nach einem Vortrag am 22. Juni 2013 in Eislingen/Fils.

[19] AaO.

Beziehung gemäß dem Wort Jesu *Wende dich nicht ab von dem, der etwas von dir borgen will* (Mt 5,42).

Nun überspringt die EG-Fassung drei originale Strophen, die eine Begründung für die Schlussstrophe liefern: Die Liebe weiß, dass sie aus Pflicht und mit ganzem Einsatz handelt, aber ihr ist bewusst, dass sie immer zu wenig tut. Deshalb rühmt sie sich nicht ihrer Wohltätigkeit (vgl. 1. Kor 1,29.31). Wer Liebe übt, bleibt oft im Verborgenen (vgl. Mt, 6,4), aber das ficht einen Christen nicht an.

Strophe 4 ist in Fortsetzung dessen vom Christen die Rede, der die Liebe dem Nächsten zugut, aber zu Ehren Gottes tut, der damit nicht das eigene Ego pflegt und nicht auf sich selbst verweist, nicht einmal Nahestehenden gegenüber. Das meint die leicht verändert ins Lied übernommene Sentenz der Bergpredigt … *lass die linke Hand nicht wissen, was die rechte tut* (Mt 6,3).[20] Biblisches Denken rechnet damit, dass die Werke der Liebe erst im Gericht am Ende der Zeiten öffentlich werden und ihren Lohn finden. Handlungsmotiv in der Gegenwart ist also, dass die Liebe nicht zur Selbstdarstellung führt, sonst wäre sie nicht mehr „vngeferbt", wie die Überschrift grundlegt.

Die 4. Strophe ist zusammengezogen aus Teilen der Originalstrophen acht und neun. Übersprungen wird dabei die redundante Bemerkung, es sei gut, für erwiesene Liebe Dank zu empfangen, wo nicht, kümmert es einen Christen nicht, denn er sucht nicht für sich Ruhm und Ehre. Dann werden noch einmal zwei Original-Strophen des Liedes übersprungen, die davor warnen, Liebe mit Aussicht auf Gewinn zu üben, was „Juden und Heiden" tun. Ihren Lohn finden die Werke der Liebe im Himmel.

Strophe 5 ist der Feindesliebe gewidmet, einem zentralen, aber nicht exklusiven christlichen Thema, und buchstabiert die Worte Jesu aus Matthäus 5,44f kommentarlos nach, die er der Sache nach aus der Weisheit aufnimmt (Spr 25,21f; vgl. 2. Mose 23,4f) und zuspitzt.

Strophe 6 zitiert Teile des Hohenlieds der Liebe des Paulus z. T. wortwörtlich (1. Kor 13,4f.7): *Die Liebe ist langmütig vnd freundlich / die Liebe eiuert nicht / … / sie blehet sich nicht / … / Sie vertreget alles / sie gleubet alles / sie hoffet alles / sie duldet alles.*[21] Hermans *verzeiht gutwillig alle Schuld* dürfte *sie gedencket nichts arges*[22] bei Paulus entsprechen. Wer dies singt, spricht aus, wohinter er oder sie in der Lebenspraxis immer auch zurückbleibt. Ohne die Schlussstrophe des Liedes würde dies zu Überforderung und spirituellem Stress führen.

Strophe 7 setzt die Paulus-Zitate fort. Mit *Sie wird nicht müd, fährt immer fort* übernimmt Herman Luthers *Die liebe wird nicht müde*[23] (1. Kor 13,8; vgl. Gal 6,9). Der *saure Blick* kommt wohl aus Matthäus 6,16, *kein bitter Wort gibt sie* aber wieder aus 1. Korinther 13,5 *sie lesset sich nicht erbittern.* Die 7. Strophe

[20] Vgl. Ulrich Luz, Das Evangelium nach Matthäus (Mt 1–7), EKK I/1, Neukirchen-Vluyn 1985, 324.

[21] So Luthers Original-Übersetzung 1534.

[22] AaO.; Luther 1984: *sie rechnet das Böse nicht zu.*

[23] Luther 1984: *Die Liebe hört niemals auf.*

ist zusammengezogen aus Teilen der 14. und 16. Originalstrophe. Dadurch entsteht an dieser Stelle eine Akzentverschiebung: In der originalen Strophe 16,3 heißt es: *Gott geb, was man sag oder sing* (vgl. Lk 12,11f). Nun aber wird in 7,3 zunächst der in der originalen Strophe 14,2 (EG: 7,2) unterbrochene Satz zu Ende gebracht, ... *gibt sie* – und mit *Was man sag oder sing* ein ganz neuer Gedanke begonnen. Die hymnologische Urformel der Reformation bekommt aber so gegenüber dem Original einen anderen Sinn: *was man* auch immer *sag oder sing*, es kann beides schiefgehen – nicht nur mit Worten, auch mit einem Lied kann man den rechten Ton verfehlen. Doch die Liebe gleicht es aus. *Zum besten deut sie alle Ding* bedient sich Luthers Formulierung „und alles zum Besten kehren" aus dem Kleinen Katechismus.[24] Mit der Reminiszenz an das 8. Gebot (*kein falsch Zeugnis reden*) bzw. Luthers Erklärung dazu entspricht Herman den Worten des Paulus *sie frewet sich nicht der vngerechtigkeit/ sie frewet sich aber der warheit.*[25]

Die Gesangbuchfassung überspringt dazwischen redundante Bemerkungen des Originaltextes darüber, wie die Liebe von sich selbst absieht. In der ebenfalls nicht berücksichtigten originalen 17., der vorletzten Strophe findet sich die interessante Formulierung *Dem Gsetz allein die Lieb gnug thut, dem Nehsten thut sie alles* [sc. zu] *gut.*

Strophe 8: Am Ende wechselt die Sprechrichtung: Herman schließt sein Lied über die Liebe mit der Gebetsbitte um Sündenvergebung. Jeder christlichen Ethik im Gefolge der Reformation ist klar, dass mit guten Werken kein Gottesverhältnis begründet wird. Die Werke der Liebe kommen von selbst aus dem Überfluss erfahrener Liebe und nicht aus permanenter Anstrengung, also nicht aus der Substanz der Person, die dann irgendwann aufgezehrt ist. Die Rede von der Sünde ist keine moralische Miesmacherei, sondern spricht realistisch und in klarem Anschluss an reformatorische Anthropologie (simul iustus et peccator) den natürlichen Antrieb zur Sonderung von Gott an.

Deck zu unsre Sünd nimmt noch einmal eine weisheitliche Formulierung auf: *Liebe deckt alle Übertretungen zu* (Spr 10,12b, zitiert in 1. Petr 4,8b[26]). Die letzten Verse rekurrieren auf das im Lied schon erwähnte Wort Jesu Joh 13,34, *dass ihr einander liebt, wie ich euch geliebt habe,* und bitten darum, dies *mit Lust* (vgl. Röm 12,8) zu tun.

Das Lied wird von Anfang an auf Lehnmelodien gesungen. Die Angabe in der Quelle über dem Lied „Jm vorigen Thon" bezieht sich auf die Melodie *Steht auf, ihr lieben Kinderlein* – EG 442,[27] die Herman schon in seinen „Sonntagsevangelia" stehen hatte und dem Text auf prägnante Weise – der Glaube ist den Zorn Gottes los – etwas Unbeschwertes gibt. Im EG wird es wie schon im EKG nach der Genfer Melodie zum 134. Psalm von Louis Bourgeois gesungen

[24] BSLK, Göttingen, 509; vgl. EG Stammausgabe 806.1.

[25] Luther 1534.

[26] Luther 1534: ... *die liebe deckt auch der sünden menge.*

[27] Z I,376; DKL III/1.3, Eg 97A.

(EKG 115: *Herr Gott, dich loben alle wir*, EG 300: *Lobt Gott den Herrn der Herrlichkeit*).

Kulp (HEKG Sb, 385) erwähnt noch eine schlichte und passende Melodie in Bartholomäus Gesius' „Ander neu Opus II", Frankfurt/Oder 1605.[28] Nur hier hat das Lied eine „eigene Weise".

Rolf Schweizer schlägt vor, Hermans Lied strophenweise reißverschlussartig mit *Brich dem Hungrigen dein Brot* (EG 420) zu kombinieren und in zwei Gruppen abwechselnd zu singen: Nr. 413,1 Gemeinde – Nr. 420,1 solo oder Chor – Nr. 413,2 – Nr. 420,2 – Nr. 413,3 – Nr. 420,3 – Nr. 413,4 – Nr. 420,4 – Nr. 413,5 – Nr. 420,5 – Nr. 413,6 gemeinsam.[29]

BERNHARD LEUBE

[28] Z I,481; DKL III/4, H110.
[29] Vgl. Schweizer, 97.

421 Verleih uns Frieden gnädiglich

EG 421ö GL2 475 RG 332ö+ KG 589ö+ CG 900ö+ EM 489

Text

Verfasser Martin Luther **Entstehung** 1528/29 **Vorlage** Antiphon *Da pacem domine* **Quellen** (a) *Teütsche Letaney/ vmb alles anligen*, Nürnberg 1529 (Liedblatt; DKL 1529[05]) * (b) *Geistliche Lieder auffs new gebessert*, Erfurt 1531 (Andreas Rauscher; DKL 1531[03]) **Überschrift** (a) *Da pacem domine zu Teütsch* * (b) *Da pacem Domine Deudsch*. **Ausgaben** W III,35; WA 35, 458 (Nr. 27); WA.A 4, 274f (Nr. 30); HahnL 41 (Nr. 27) **Strophenbau** A8/4a A7/3b-A8/4a A7/3b- 8/4x- **Abweichungen** (a) 1,3 doch *hie;* 1,4 *on dich* **Verbindung TM** (a+b) wie EG

Melodie

Incipit I: 111-7b13b21; II: 11_1_-7b _1_3b_2_1_ **Verfasser** Martin Luther **Vorlage** Hymnus *Veni redemptor gentium* **Quellen** s. o. Text/Quelle (a) und (b) * Schlusszeile von Melodiefassung II erstmals in *New Catechismus Gesangbüchlein* (Theodosius Wolder), Hamburg 1598 (DKL 1598[11]) **Ausgaben** Z I, 1945 (vgl. auch Z I, 307); DKL III/1.2 D1A und D1Aα; WA.A4, 274f **Ambitus** G: 6; Z: 43555 **Abweichungen** (a) zu Melodiefassung I: Mensuralnotation; große Sext tiefer (auf *g*); Zeilenendnoten je Halbe, Schlussnote: Ganze; vor N 1: Viertel- und Achtelpause, Z. 1, N. 1: Achtelnote; Z. 5: *a'b'a'g'e'ffe'* * (b) zu Melodiefassung II: Ton tiefer; Z. 1, N. 1: Halbe; Z. 2, vor N. 1 und N. 1: Viertelpause und Viertelnote; N. 6 und 7: Halbe; Z. 3, N. 4, 6 und 9: Halbe, N. 7–9: Viertelnote *g*; Z. 4: Viertelpause, Viertelnoten *e'g'g'a'g'* Halbenoten *e'e'*; Z. 5: N. 1, 3 und 5 Halbe, ohne N. 6 (Silbe rückt unter N. 7), Schlussnote: Ganze **Verbindung MT** Die Vorlagenmelodie ist zu verschiedenen Texten gebraucht worden: *O Herr, Erlöser alles Volks* (Th. Münzer; DKL 1524[01]); *Von Adam her so lange Zeit* (M. Weisse; DKL 1531[02]); *Adam hat uns ganz verderbet* (ders. ebd.); *Nun komm der Heiden Heiland* (M. Luther; DKL 1544[13]); *Komm, Herr Gott, o du höchster Hort* (V. Triller; DKL 1555[07]); *Der Heiden Heiland uns erschein* (A. Lobwasser; DKL 1578[04]); *Da kommen sollt der Welt Heiland* (N. Hermann; DKL 1605[05]); *Nun komm' der Heiden einigs Heil* (DKL 1609[09]) – weitere 18 Texte s. DKL III/1 Registerband, 58

Literatur

HEKG (Nr. 139) I/2, 241f; III/1, 496–498; Sb, 227f; HEG II, 204–208 ** WGL1 III, 183f; ÖLK Lfg. 2; ThustB, 362f ** KLL (1878–1886) II, 297f; WA (1883ff) 35, 232–235.458.521; WA.A 4 (1985) 105–107.274f; EEKM (1888) III, 767–771; Bruppacher (1953) 224f; DKL III (1993–2010)/ 1.2 Textband, 38–41, III/ Abschließender Kommentarbd. zu Bd. 3–4, 146–148; MöllerQ (2000) 41–43 ** AMELN, Konrad: Lateinischer Hymnus und deutsches Kirchenlied, MuK 6 (**1934**) 138–148 * STÄHLIN, Wilhelm: Der immerwährende Lobgesang. 4. Das Nunc dimittis (Der Lobgesang Simeons), Quatember 26 (**1961/62**) 147–149 * JENNYG **1962**, 239f (Nr. 160) * HAHNEV **1981**, bes. 19–21 * JENNY, Markus: Luther, Zwingli, Calvin in ihren Liedern, Zürich **1983**, 126f * VEIT, Patrice: Das Kirchenlied in der Reformation Martin Luthers. Eine thematische und semantische Untersuchung, Stuttgart **1986** * HEITMEYER, Erika: Das Gesangbuch von Johann Leisentrit 1567, St. Ottilien **1988**, 96.98 * AMELN, Konrad: Über die Sprachmelodie in den geistlichen Gesängen Martin Luthers, in: Friedhelm Brusniak/ Horst Leuchtmann, Quaestiones in musica. Festschrift für Franz Krautwurst zum 65. Geburtstag, Tutzing **1989**, 13–32, bes. 17f * HENKYS, Jürgen: Da pacem, Domine, in diebus nostris. Friede als Thema des Kirchenliedes, MuK 68 (**1998**) 160–169, bes. 163 (auch in: Henkys **1999**, 219–231) * ZIPPERT, Christian: Des alten Simeon Lobgesang, Quatember 65 (**2001**) 34–37

Mit der Verdeutschung der lateinischen Antiphon *Da pacem Domine*, der „Antiphona pro pace", nahm Martin Luther eine Jahrhunderte alte Tradition des Friedensgebetes auf. Dabei hielt er sich bis auf das Wort *gnädiglich* ganz an die Vorlage:

Da pacem Domine
in diebus nostris
quia non est alius
qui pugnet pro nobis
nisi tu, deus noster.

Der Gesang wurde in Zeiten besonderer Bedrohung gesungen; beispielsweise verordnet ihn Papst Johannes XII. im 14. Jh. zum Gebet in der Türkengefahr. Auch für Luther bestand ein konkreter Anlass für dieses Gebet, nämlich einerseits die Gefahr, dass Kaiser Karl V. die Reformation gewaltsam beenden würde – auf dem 2. Reichstag zu Speyer im Februar 1529 wurden die eher toleranten Beschlüsse des 1. Speyerer Reichstags von 1526 unter Protest der evangelischen Fürsten (daher die Bezeichnung „Protestanten") zurückgenommen –, andererseits die Bedrohung durch die Türken, die im Herbst 1529 bis vor Wien vorstoßen sollten. Als Entstehungszeit von Luthers Übertragung kann der Winter 1528/29 angenommen werden. Einige Jahre später erhielt das Lied in vergleichbarer politischer Situation bei Luther ein Gegenstück in *Erhalt uns, Herr, bei deinem Wort* EG 193. So überrascht es nicht, dass beide in Gesangbüchern und Gottesdienstordnungen häufig zusammen begegnen.

Überraschend hingegen ist die Melodiewahl: Luther hat nicht die Melodie der lateinischen Antiphon übernommen – entgegen der Meinung einiger Kommentare ist ein Bezug auf diese Melodie außer in den übereinstimmenden ersten vier Tönen auch nicht zu erkennen –, sondern er hat seinen Text auf die Melodie des Hymnus *Veni redemptor gentium* geformt. Höchstens könnte man die Vermutung wagen, dass die Übereinstimmung am Melodieanfang Luther überhaupt auf die Idee gebracht hatte, die Hymnenmelodie zu wählen. Anders als bei der Verdeutschung des Hymnus selbst (*Nun komm, der Heiden Heiland* EG 4; 1523) veränderte er aber die Melodie hier nicht, sondern verlängerte sie lediglich durch eine Zeile, um den ganzen Text unterbringen zu können.

Die frühesten Quellen zeigen bereits zwei unterschiedliche Melodiefassungen; der genaue Ablauf der Melodieentstehung ist daher nur hypothetisch zu rekonstruieren und kann hier außer Betracht bleiben.[1] Hingegen lässt die im Wesentlichen unveränderte Übernahme der Hymnenmelodie die Vermutung zu, Luther habe ein Zitat präsentieren wollen, das zweifelsfrei als solches erkennbar sein sollte: Der „Heiland der Völker" (redemptor gentium) wird um die Schaffung des Friedens zwischen den Völkern aufgerufen. Ähnlich ging Luther 1541/42 bei *Erhalt uns, Herr, bei deinem Wort* vor; nur schuf er dort aus der Vorlage – derselben Hymnusmelodie – durch gezielte Veränderungen eine völlig neue und auch neuartige Melodie. Die beiden Melodieformen des EG können nicht direkt auf eine der beiden ältesten Formen zurückgeführt werden, sondern haben sich in unterschiedlichen Traditionen und Redaktionen ergeben; zudem wird die ökumenisch vereinbarte Melodie in „Choralnotation" geboten, die einen an der Sprachdeklamation orientierten freien Rhythmus intendiert.

Ungeachtet des konkreten historischen Anlasses für Luthers Verdeutschung ist der Text offen für unterschiedliche Deutungen: ein allgemeines Friedensgebet, ein Gebet in der Bedrohung durch türkische Expansion, eine unablässige Bitte in den kriegerischen Zeiten nach der Reformation und im Dreißigjährigen Krieg oder gar eine politische Provokation in Zeiten der Friedensbewegung der Siebziger- und Achtzigerjahre des 20. Jh., als schon das bloße Wort *Frieden* in Ost und West von den Mächtigen als Bedrohung empfunden wurde.

Wenn sich der Horizont auch in die geistliche Dimension des Friedens mit Gott oder des endzeitlichen Friedens ausweiten mag, so bindet die zweite Zeile, *zu unsern Zeiten*, die Bitte doch immer wieder ans Konkrete, Irdische, Politisch-Militärische. Das Lied wurde darum auch außerhalb des Gottesdienstes als Teil eines obrigkeitlich verordneten Friedensgebets verwendet, so in einer kursächsischen Kirchenordnung.[2] Bis ins 20. Jh. hinein war es das in deutschen Gesangbüchern am stärksten verbreitete Lied zu Krieg und Frieden.[3] Seine Stellung als Schlussgesang des Gottesdienstes, zuerst belegt in Kirchenordnungen Johann Bugenhagens (1485–1558, Stadtpfarrer in Wittenberg und Organisator der Reformation in mehreren norddeutschen Städten),[4] verbindet die konkrete Friedensbitte mit dem Friedenswunsch beim Abschied – dem äußeren und inneren Frieden, den man sich gegenseitig wünscht, indem man ihn von Gott erbittet.

Der konkrete politische Bezug andererseits wurde seit der Mitte des 16. Jh. dadurch verstärkt, dass man meist als Fortsetzung den Gesang *Gib unsern Fürsten und aller Obrigkeit Fried und gut Regiment* folgen ließ. Dieser ist nach einem altkirchlichen, bereits im Wittenberger Gesangbuch (1529) 1533 dem Lied nachgestellten Gebet verfasst (vgl. 1. Tim 2,1.2) und wohl um die Mitte des 16. Jh. im Umkreis Wittenbergs entstanden.[5]

[1] WA.A 4, 106; – DKL III/1.2 D1A und D1Aα.

[2] EEKM III, 1894, 770.

[3] Andreas Wittenberg, „Allmächtiger Herr der Heere ...". Krieg und Frieden im Kirchenlied des 20. Jahrhunderts, JLH 23 (1979) 53–94.

[4] Wittenberg, aaO., 53.

[5] Walter Blankenburg, Wer schuf den Gesang „Gib unsern Fürsten und aller Obrigkeit"?, JLH 25 (1981) 102f; Konrad Ameln, Nochmals zu „Gib unsern Fürsten und aller Obrigkeit", JLH 25 (1981) 103f.

Die unterschiedliche Zuordnung in neueren Gesangbüchern macht die beiden Seiten deutlich. Während EG, GL2 und KG gemäß der mittelalterlichen Tradition das Lied als Friedensgebet im Abschnitt „Erhaltung der Schöpfung, Frieden und Gerechtigkeit", „Gerechtigkeit und Friede" bzw. „Suche nach Gerechtigkeit und Frieden" einordnen und damit die aktuelle politische Bedeutung des Liedes betonen, führt das RG (wie schon seinerzeit das EKG) die evangelische Tradition seiner Verwendung als Gottesdienst-Schlussgesang fort, welche eher die Tendenz eines allgemeineren Verständnisses fördert, aber für zeitbezogene Aktualisierung offen bleibt.

Dass beides nicht getrennt werden kann, macht Luthers Text in seiner Beziehung auf andere reformatorische Formulierungen deutlich. Die Exklusivität des *kein andrer* verweist auf das „Solus Christus", „Christus allein", und auf das „Gott allein die Ehre" in Abwehr aller irdisch-kirchlichen Heilsmittel. Und wenn uns heute das Wort *streiten* zu kriegerisch klingen mag, so bedeutet es doch vielmehr, dass wir nicht auf uns selbst vertrauen können, sondern Gott für uns eintreten lassen müssen. Es ist im Zusammenhang zu hören mit dem Liedvers *Es streit' für uns der rechte Mann,/ den Gott hat selbst erkoren* (EG 362,2), in dem sich ebenfalls geistliche und irdische Dimension überlagern und der ungefähr zur selben Zeit entstanden ist.[6] Unter diesem Aspekt ist es zu verstehen, dass GL 1975 das Friedenslied der Rubrik „Vertrauen und Bitte" zuweist (GL1 310).

Eine besondere Betonung erhält die Exklusivität des „Gott allein" durch die fünfte Zeile. Die Erweiterung der Strophe und der Hymnenmelodie um diese Zeile ist weit mehr als eine Verlegenheitslösung. Der Text verlässt hier das vorher konsequent durchgehaltene jambische Metrum und setzt faktisch mit der Doppelbetonung *denn du* ein, die sich von der Fortsetzung aus einem trochäischen Versmaß deuten lässt. Die Zeile erhält dadurch eine stark betonte, herausgehobene Stellung in der Strophe. Melodisch ist es ein Problem, einer Strophe, die in sich geschlossen ist und solide auf der Finalis endet, noch eine Zeile anzufügen, ohne dass diese wie ein Anhängsel wirkt. Luther – falls wir davon ausgehen können, dass er selbst die Melodie geformt hat – löst diese Schwierigkeit, indem er die Zeile nochmals den ganzen Quintraum über dem Grundton durchschreiten lässt. Der Quintton baut die Spannung, die eigentlich mit dem Schluss der vierten Zeile schon gelöst war, wieder auf, und zwar verbindet sich die letzte Zeile mit der vorangehenden durch die Übereinstimmung des steigenden Sekundschrittes vom ersten betonten Ton aus (in Zeile 4 sind das der zweite und dritte Ton, auf *für uns*, in Zeile 5 der erste und zweite, auf *denn du*), um eine Quinte nach oben versetzt.

Andreas Marti

[6] WA.A 4, 101f.

492 Ruhet von des Tages Müh

EG 492ö RG 614ö+ KG 681ö+ CG 325ö EM 629ö

Text

Verfasser Martin Hesekiel **Entstehung** in der Vorbereitung auf eine Abendsingwoche in Bromberg, Posen 1931 **Quelle** s. u. **Strophenbau** 7/4a 6/3b- 7/4a 6/3b- vgl. Frank 4.31 **Abweichung** 1,2: *es will Nacht* nun **Verbindung TM** wie EG

Melodie

Incipit 8_10b_9_8_ 8_#7_8__ **Verfasser** Martin Hesekiel **Entstehung** s. o. **Quelle** *Klingende Kette. Neunzig neue geistliche Kanons* (hg. Johannes Petzold), Leipzig 1949, Nr. 88 **Besonderes** Kanon **Ambitus** G: 10; Z: 4b436b(4b436b) **Abweichungen** Taktangabe: 2 * RG/KG/EM: keine **Verbindung MT** wie EG

Literatur

HEG II, 51 ** Meyer ([2]1997) 118

Martin Hesekiel (1912–2003) schrieb diesen Kanon im Jahr 1931 während der Vorbereitung einer Abendsingwoche in seiner Heimatstadt Bromberg (poln. Bydgoszcz) in der Provinz Posen (poln. Powiat Bydgoszcz). In einem überwiegend katholischen Umfeld wurden in dieser früher preußischen, seit 1919 polnischen Provinz evangelisch-unierte Diasporagemeinden zunehmend von der sogenannten Singbewegung geprägt.[1] Diese Bewegung pflegte das gemeinsame Singen und Musizieren in Singkreisen, offenen Singstunden und Singwochen – auch als Gegenbewegung zur bürgerlichen Musikkultur.[2]

Der Text des Kanons besteht aus zwei parallel aufgebauten Sätzen: Auf eine ermutigende, imperativisch formulierte Aufforderung (*Ruhet von des Tages Müh / Lasst die Sorg bis morgen früh*) folgt jeweils eine Begründung derselben (*Nacht will es nun werden / Gott bewacht die Erden*). Die anbrechende *Nacht* erscheint hier nicht wie in vielen Abendliedern als Bedrohung, angesichts derer Gott um Schutz und Hilfe gebeten werden müsste, sondern als ersehnte Pause von *Müh* und *Sorg*, in der der Mensch zur Ruhe kommen kann, weil *Gott* die Erde *bewacht*.

Das thematisch verwandte Lied *Abend ward, bald kommt die Nacht* (EG 487) vermittelt eine ganz ähnliche Vorstellung: Weil *die Welt (...) weiß*, dass *die Wacht über ihr bestellt* ist, kann sie beruhigt *schlafen* gehen (Str. 1). Auch hier heißt es: *einer wacht* – und mehr noch: er *trägt allein ihre Müh und Plag. Weder*

[1] Vgl. dazu und zur Biographie Hesekiels in Meyer [2]1997, 118–120.
[2] Vgl. Dietrich Schuberth, Art. Singbewegung, RGG[4], Bd. 7, 1334.

Nacht noch Tag lässt Gott irgendjemanden *einsam sein* (Str. 2). In Hesekiels Kanon ist die Nacht dagegen als Unterbrechung gedacht, als Ruhepause von der täglichen *Müh* und *Sorg*, die *morgen früh* von neuem beginnen wird. Gott kommt hier die Rolle eines Nachtwächters (vgl. auch Ps 121) zu – nicht mehr und nicht weniger. Er bewirkt, dass es den Menschen nicht so ergeht, wie es in Prediger 2,22f beschrieben ist. In der Lutherbibel von 1912, die zur Entstehungszeit des Liedes in deutschsprachigen evangelischen Gemeinden gemeinhin verwendet wurde, lauten diese Verse: „Denn was kriegt der Mensch von aller seiner Arbeit und Mühe seines Herzens, die er hat unter der Sonne? Denn alle seine Lebtage hat er Schmerzen mit Grämen und Leid, dass auch sein Herz des Nachts nicht ruht."

Die Melodie bewegt sich zumeist in Vierteln, für die beim Singen ein ruhiges Zeitmaß gewählt werden sollte, um der Aussage und dem Charakter des Textes gerecht zu werden. Der Gesamtverlauf ist durch eine Abwärtsbewegung geprägt; jede Zeile endet auf dem jeweils nächst tieferen Dreiklangston der Grundttonart h-Moll: Oktave (= Grundton) *h'* – Quinte *fis'* – Terz *d'* – Prim (= Grundton) *h*.

In der hohen Lage der Eingangszeile kann man die Anspannung des Tages versinnbildlicht sehen; passend zur *Erden* endet dagegen die Schlusszeile auf dem unteren Grundton. Diese Zeile ist das harmonische Fundament des Kanons. Als Basslinie des vierstimmigen Satzes könnte man sie z. B. Männerstimmen als ständig zu wiederholendes Ostinato anbieten: *Gott bewacht die Erden.* Die Harmoniefolge des Kanons, z. B. für eine Gitarrenbegleitung, wäre (in Viertelbewegung): h – h – fis – G – cis^7 – Fis^7 – h.

Der Kanon eignet sich für Abendgottesdienste, vor allem aber für Andachten z. B. auf Freizeiten und als Nachtlied, mit dem sich die Singenden gegenseitig Beruhigung und Trost zusingen.

Anne Smets

502 Nun preiset alle Gottes Barmherzigkeit

EG 502 RG 237 EM 79

Text

Verfasser Matthäus Apelles von Löwenstern **Quelle** *Früelings=Mayen* (Matthäus Apelles von Löwenstern), Breslau um 1644 (DKL 1644[16],vgl. Fußnote 1) **Überschrift** *XII. Alcaische Ode. â 4. Cantus Bassus* **Ausgabe** FT I,386 **Strophenbau** A5/2a- 6/3b, A5/2a- 6/3b, A9/4c- 9/4c- R:9/4c- Frank S. 261 ‚alkäische/ Herrenhuter-Strophe' **Abweichungen** 1,1 *Nu* preiset alle; 2,4 *Ihme zu Fusse* fällt * RG: 2,4 *froh ihm zu Fusse* fällt * EM 1,6/7 und 5,6/7 *Freu dich mit* Israel **Verbindung TM** wie EG * Z II,4089b (DKL 1726[04]; rhythmisch veränderte Fassung) * Z II,4090 (Kühnau 1838)

Melodie

Incipit 112 31_ **Verfasser** Matthäus Apelles von Löwenstern **Quelle** s. o. **Ausgabe** Z II,4089a (Q) und b (Schlusszeile nach DKL 1726[04]) **Ambitus** G: 6; Z: 33b43b566 **Abweichungen** Q: s. Notenbeispiel S. 88 * RG: mit 4st. S wie Q, aber Z. 1, vor N. 1 Halbe- und Viertelpause; Z. 2, 4, 6 u. 7, je N. 1 und 2 keine Punktierung * EM: 4st. Satz (Helmut Lammel 2000); keine Taktvorzeichnung **Verbindung MT** wie EG

Literatur

HEKG (Nr. 380) I/2, 540f; III/2, 509–512; Sb, 567f; HEG II, 24f ** ThustB, 413f ** Koch ([3]1866–77) III, 60; KLL (1878–1886) II, 125; EEKM (1888) II, 427f; Schlunk (1951) 262; Bruppacher (1953) 45f; NSK AM (1972) 7, 35 ** FLÜCKIGER, Willi: Das Gotteslob der Schöpfung in den Gedichten des Matthäus Apelles von Löwenstern, MGD 2 (**1948**) 36–39 * WEISS, Ewald: Die Choralsingstunde, GuK **1955**, 124f * BUSCHMANN, Uwe: Matthäus Apelles von Löwenstern: „Nun preiset alle Gottes Barmherzigkeit" EKG 380/EG 495[sic!], in: Hans Jürgen Milchner (Hg.), Erntedank. Vom Denken und Danken, Göttingen **1993**, 30–32 * KENNTNER, Eberhard: Gesungener Trost, Rheinbach **2001**, 119–130 * FISCHER, Michael: Löwenstern (auf Langenhof) Matthäus Apelles von, in: MGG[2] Personenteil 11 (**2004**) 529–531

„Wer einen hohen Geist/ vnnd prächtige Art der Rede suchet/ der wird solche hier nicht finden", schreibt Matthäus Apelles von Löwenstern (1594–1648) im Nachwort seiner geistlichen Dichtungen „Früelings=Mayen", in denen 1644 *Nun preiset alle Gottes Barmherzigkeit* erschien.[1] Er formuliert damit ähnlich wie Martin Opitz, der von seinen „Sonntagsepisteln" (1628) sagte: „Der Zungen schöner Klang gehört zu anderm Wesen".

[1] Matthäus Apelles von Löwenstern, *Früelings=Mayen*, Nachwort, Breslau 1644, o. S., dieses wie alle weiteren Zitate sind der digitalisierten Ausgabe der Universitätsbibliothek Breslau (http://www.manuscriptorium.com/apps/main/en/index.php?request=show_tei_digidoc&docId=rec1314275676_1944) entnommen; aufgerufen am 22.4.2014.

Für Apelles, der als Dichter und Musiker wirkte, sich als Kunstmäzen verstand und in seinem Haus in Breslau Bürger und Gelehrte versammelte, unter ihnen die Dichter Andreas Tscherning und Christian Hoffmann von Hoffmannswaldau, ist dieser Satz durchaus bemerkenswert. In seinem Lied *Nun preiset alle Gottes Barmherzigkeit* bestätigt die Wahl der Worte und Sprachbilder den Verzicht auf eine „prächtige Art der Rede“. Durch Extravaganz oder gesuchten Erfindungsreichtum fällt sein Text nicht auf. Dass der Autor sehr wohl auch das Kirchenlied als Dichtkunst versteht, gibt die Wahl der Strophenform zu erkennen, die er als „Alcaische Ode“ in der Liedüberschrift benennt.

Apelles hegte großes Interesse für die antike Dichtung. Die einst von Horaz bevorzugte reimlose alkäische Strophe „nähert er dem deutschen Empfinden auf sehr geschickte Weise dadurch an, daß er die Zeilen durch Endreime miteinander verbindet und in die beiden ersten Zeilen einen Binnenreim einschiebt, der die für unser Gefühl sehr langen Zeilen aufteilt.“[2] Das Verhältnis von Hebungen und Senkungen bleibt dabei gewahrt und auch die Vers- und Silbenzahl behält Apelles bei, die Wiederholung des Schlussverses ist musikalisch bedingt. Im Kreis herrnhutischer Liederdichter wurde die Strophe geschätzt, „daher auch die Bezeichnung ‚Herrnhuter-Strophe‘“.[3] Seine Vorliebe für antike Versmaße begegnet in seiner Liedersammlung[4] allerorten.

In der Sammlung „Früelings=Mayen“ bildet *Nun preiset alle Gottes Barmherzigkeit* die Mitte einer Gruppe von drei Lobliedern. Sprachlich und auch inhaltlich setzt es eigene Akzente. Bestehen der vorangehende und der nachfolgende Gesang aus aneinander gereihten Imperativen, die zum Lobpreis aufrufen, entfaltet *Nun preiset alle Gottes Barmherzigkeit* diesen Aufruf vor dem Hintergrund des ersten Glaubensartikels:

> *Wir glauben all an einen Gott,/ Schöpfer Himmels und der Erden,/ der sich zum Vater geben hat,/ dass wir seine Kinder werden./ Er will uns allzeit ernähren,/ Leib und Seel auch wohl bewahren;/ allem Unfall will er wehren,/ kein Leid soll uns widerfahren./ Er sorget für uns,/ hüt' und wacht;/ es steht alles in seiner Macht.*

So hatte Luther den ersten Artikel einst in Strophenform gebracht (EG 183,1).

Die enge Bindung des Liedes an das Erntedankfest ist erst mit dem EKG (1950) erfolgt.[5] Zuvor stand es in der Rubrik „Lob und Dank“, vereinzelt wurde es auch als „Missionslied“ deklariert.[6] Durch die Einordnung im EKG und seine Rezeption als Wochenlied zum Erntedankfest ist ihm enorme Beachtung

[2] Arno Büchner, Das Kirchenlied in Schlesien und der Oberlausitz, Düsseldorf 1971, 115.

[3] Frank, 261. Vgl. EKG, Sondergut der Evangelischen Kirche der Union, 1970, Nr. 487 *Ich hab von ferne, Herr, deinen Thron erblickt.* Im EG ist diese Strophenform singulär.

[4] Carl von Winterfeld beschreibt die 30 Lieder umfassende Sammlung in: Der evangelische Kirchengesang und sein Verhältnis zur Tonkunst, Bd. 2: Der evangelische Kirchengesang im siebzehnten Jahrhunderte, Leipzig 1845, 92–101.

[5] In der Rubrik „Bei und nach der Ernte“; HEKG I/2, 540; HEKG III/2, 510.

[6] Altmärkisch-Prignitzisches neu eingerichtetes Gesang=Buch, Salzwedel 1925, Nr. 1214; so auch Bruppacher, 46.

widerfahren; als ein allgemeines Lob- und Danklied, wie es 1644 veröffentlicht worden ist, wird es gegenwärtig jedoch kaum wahrgenommen. Auch sein Platz im EG, das die Lieder zur Ernte in die Rubrik „Natur und Jahreszeiten" aufgenommen hat, spiegelt nicht die Ursprungsintention wider.

Gottes Barmherzigkeit und Allmacht sind Thema des Liedes. Es setzt mit der Aufforderung ein, seine Barmherzigkeit zu preisen, und knüpft damit an den Schluss des in der Sammlung „Früelings-Mayen" vorhergehenden Liedes an: *Alles/ alles was Othem hat vnd lebet/ GOtt dem Mächtigen Lob und Ehre gebet.* Es liegt nahe, das *alle* in Str. 1,1 universal zu verstehen, darin eingeschlossen die Christenheit, die in 1,2 ausdrücklich aufgerufen wird, ihn *mit Schalle* zu loben. Wem die freundliche Einladung im nachfolgenden Vers gilt, bleibt zunächst unklar. Mit Blick auf Str. 5, ist die Christenheit gemeint, die in 1,4 und 5,4 als *Israel* angesprochen wird.

„Das ‚Israel' unserer Gesangbücher sind wir, die christliche Kirche, nicht das jüdische Volk."[7] Wenn Apelles, wie zu seiner Zeit üblich, Israel als Synonym für Christenheit verwendet, steht er in einer Tradition[8], die wir nach Auschwitz als die „einer zweitausendjährigen christlichen Verdrängung des [...] jüdischen Volkes"[9] erkennen. Dieses „christliche Selbstverständnis, das einzig wahre Israel [...] zu sein"[10], gilt heute als verfehlt.[11] Im Evangelisch-methodistischen Gesangbuch (2002) ist dieser Vers geändert. Er lautet nun *Freu dich mit Israel seiner Gnaden*[12] und intendiert ein gemeinsames, christlich-jüdisches Gotteslob. Die Aussage des Liedes gewinnt damit eine neue Richtung. In seinem Aufsatz „Kleine Selbst-Täuschungen beim Loben Gottes" spricht Friedrich-Wilhelm Marquardt eine grundsätzliche Frage an, wenn er „eine fundamentale Differenz im Verständnis dessen, was hier und da ‚Loben' meint", feststellt. Zu „fremd" ist uns das jüdische Gotteslob:

> Kein Singen *coram Deo* vor Gott: kein Lied für Gott – Singen: ein Handeln am Sein Gottes. Schwer vorstellbar, dass und wie wir ihn mit Abrahams Samen unsererseits so sollten loben können, jedenfalls nicht in identischer Weise und also nicht durch Selbst-Identifikation mit Israel oder sonst in mit ihm ‚vereinten' Chören.[13]

[7] Friedrich-Wilhelm Marquardt, Kleine Selbst-Täuschungen beim Loben Gottes, GAGF 38 (2000), zit. n. JLH 40 (2001) 129.

[8] „Das die Jüden nu so fest stehen auff dem namen Jsrael / vnd rhümen / wie sie allein Jsrael / wir aber Heiden sind / Das ist war / nach dem ersten stück vnd nach dem alten bund Mose / der nu lengest erfüllet ist. Aber nach dem andern stück / vnd newen Bund / sind sie nicht mehr Jsrael / Denn es sol alles New sein / vnd Jsrael hat müssen auch new werden. Vnd sind allein die der rechte Jsrael / die den newen Bund (zu Jerusalem gestifftet vnd angefangen) angenomen haben. [...] Also sind alle Heiden / so Christen sind / die rechten Jsraeliten vnd newe Jüden / aus Christo dem edlesten Jüden geborn." Martin Luther, Neue Vorrede auf den Propheten Hesekiel, zit. n.: Die gantze Heilige Schrifft Deudsch (1545), hg. v. Hans Volz, Bd. 2, München 1972.

[9] Marquardt, aaO., 129.

[10] Ebd.

[11] Vgl. Buschmann 1993, 30.

[12] EM 79, Str. 1 und 5.

[13] Marquardt, aaO., 133.

Gemeinsames Loben ist damit keineswegs unmöglich, nur ist es historisch und theologisch nicht voraussetzungslos; es prägen sich darin jeweils andere Einstellungen aus und klingen darin verschiedene Geschichten mit – und dazu eine gemeinsame Geschichte, die von der einen Seite verschuldet, von der anderen erlitten wurde.

In Str. 2 wird der barmherzige Gott in Anlehnung an Psalm 103,19ff als allmächtiger Weltenherrscher, dem das Universum – Himmel und Erde – die Ehre gibt, beschrieben. Die bildhafte Wendung *Psalter und Harfe* (2,4f) ist ein wörtliches Psalm-Zitat (Ps 57,9; 108,3; 150,3). Das im ganzen Lied auffallend häufig verwendete Indefinitpronomen *alle* kommt in dieser Strophe uneingeschränkt zur Geltung.

Str. 3 und 4 zeigen den allmächtigen und barmherzigen Gott als einen, der einlädt, sein Wort zu hören, der Sünden vergibt und väterliche Fürsorge zusagt. Der pointierte Appell an die *Heiden* zu Beginn der dritten Strophe hat, wie schon erwähnt, gelegentlich dazu Anlass gegeben, das Lied als Missionslied[14] zu verstehen. Wer wird hier angesprochen? 3,3f spricht gegen einen Bezug zur Heidenmission. Das *uns* in diesen Versen macht eine exklusive Deutung unwahrscheinlich. Die Christenheit ist zumindest mit gemeint. Diese Sicht unterstützt die bearbeitete Fassung des Liedes im Christlichen Gesangbuch, Leipzig 1830. Es führt den Gedanken in einer zusätzlichen Strophe aus: *Uns Heidenkinder/ hast du von Mitternacht,/ Jesu, nicht minder/ zu deinem Licht gebracht,/ zum Leben aus des Todes Schatten,/ welche die Väter umgeben hatten.*[15] Hier steht das Lied in der Rubrik „Auf das Fest der Erscheinung Christi, oder Epiphanias". Str. 3 rückt damit in den Zusammenhang der alten Epiphanias-Perikopen Jes 60,1–6 (V. 2.3: … *Finsternis bedeckt das Erdreich und Dunkel die Völker … die Heiden werden zu deinem Lichte ziehen*) und Mt 2,1–12. Nach diesem Verständnis ist *er*, der *uns sein Wort verkünden* lässt (3,3), der „redemptor gentium" – *der Heiden Heiland.*[16]

Str. 4,1.2.4f paraphrasiert die bekannten Verse aus Psalm 145,15f,[17] die im 17. Jh. noch in der unrevidierten Übersetzung Martin Luthers gelesen wurden: „Aller augen warten auff dich / Vnd du gibst jnen ire Speise zu seiner zeit. Du thust deine Hand auff / Vnd erfüllest alles was lebet mit wolgefallen."[18]

In seiner Bibelerklärung erläutert Johann Olearius: „Zu seiner Zeit. […] Nehmlich der Speise/ da sie derselben benöthiget sind, darumb folget ordentlich Sommer und Winter, Tag und Nacht, Saat und Erndte" (1. Mose 8,22).[19] Die Aufzählung der geregelten Abläufe eines Jahres, die hier be-

[14] So auch Buschmann, aaO., 31.

[15] Christliches Gesangbuch oder Sammlung von 784 meist alten Kernliedern der evangelischen Kirche, Leipzig 1830, Nr. 71,4. Zitiert nach der digitalen Ausgabe URL: http://www.digitale-sammlungen.de, gesehen am 22.4.2014.

[16] Veni redemptor gentium – *Nun komm, der Heiden Heiland*, EG 4.

[17] Vgl. HEKG I/2, 541.

[18] Martin Luther, Die gantze Heilige Schrifft Deudsch (1545), Bd. 1.

[19] 1. Mose 8,22 wird im Anschluss an EG 502 als ergänzender Bibeltext zitiert (Ausgabe für die Landeskirchen Anhalt, Berlin Brandenburg, schlesische Oberlausitz, Pommersche Kirche und die Kirchenprovinz Sachsen, 1993).

schrieben sind, ließe sich mit Apelles um das Begriffspaar *frühn und späten Regen* erweitern (4,3).

Zu Psalm 145,16 bemerkt Olearius: „Du thust deine Hand auf. [...] und giebst gar reichlich, als ein guter Hauß-Vater, [...] ieden das seine, als eine Hauß-Mutter, die ihre Hüner speiset, als ein Saeman der außstreuet“.[20] Bei Apelles, dessen Lied mehr als dreißig Jahre vor der Bibelerklärung erschien, heißt es: *nach Vaters Weise* (4,2). Der zeitliche Abstand beider Veröffentlichungen verbietet es, von direkten Bezügen zu sprechen, die Ähnlichkeiten verweisen auf eine konstante, durch Luthers Erklärung des ersten Glaubensartikels regulierte Schriftauslegung im 17. Jh.

Die Wendung *füllest uns alle mit deinem Segen* (4,4) lässt die sinnbildliche Ebene der *Speise* (4,1) hervortreten. *Speise* meint mehr als das tägliche Brot, *Speise* steht für alles, was zum Leben notwendig ist.

Auch die markante Rede vom *frühn und späten Regen* (4,3) ist biblischen Ursprungs. Sie begegnet nur wenige Male, primär im Alten Testament. Rudolf Köhler verweist auf Joel 2,23b (*und euch herabsendet Frühregen und Spätregen wie zuvor*). Der Vers steht im Abschnitt Joel 2,18–27, den Köhler als biblische Mitte unseres Liedes beschreibt. Wenn auch „recht unscharf und unbestimmt“[21], sei die Häufung der Anklänge überzeugend.

Zu Joel 2,18–27 und dem ersten Glaubensartikel ließe sich mit Psalm 145 ein weiterer das Lied prägender Text hinzufügen. Mögen die Analogien in Sprache und Situation nicht so offensichtlich sein, der Duktus des Psalm- und des Liedtextes lässt diese Sicht zu:

> Der Psalm, der stark von hymnischen Elementen (hymnische Aufforderungen, Partizipien) bestimmt ist, fordert zum Lobpreis des *Weltkönigs* JHWH auf, dessen Güte *und* Macht daran offenbar werden, daß er als der barmherzige, gnädige *Sinaigott* vergebungswillig ist und als *Schöpfergott* die Gebeugten und Fallenden wieder aufrichtet und belebt.[22]

Nach der Aufforderung zum Loben in Str. 1 und den das Lob entfaltenden und begründenden Strophen 2–4 folgt mit Str. 5 die Schlussfolgerung. Sie greift den Anfang des Liedes auf, verstärkt und bekräftigt den Aufruf, Gottes Barmherzigkeit zu preisen. Anders als in der Eingangsstrophe wird hier ausschließlich die Christenheit angesprochen. Etwas unvermittelt wirkt Z. 3 *uns soll hinfort kein Unfall schaden*. Diese Bitte verweist wieder auf den ersten Glaubensartikel. Im Großen Katechismus schreibt Luther dazu:

> Darüber bekennen wir auch, das Gott der Vater nicht allein solchs alles, was wir haben und fur augen sehen, uns geben hat, sondern auch teglich fur allem ubel und unglück behütet und beschützet, allerley ferlickeit und unfall abwendet, Und solchs alles aus lauter liebe und güte durch uns unverdienet, als ein freundlicher vater, der

[20] Johann Olearius, Biblischer Erklärung Dritter Teil, Leipzig 1679, 752; DVD des Exemplars des Ev. Predigerseminars Wittenberg.

[21] HEKG I/2, 540.

[22] Erich Zenger, Psalmen. Auslegungen, Bd. 3, Freiburg/Basel/Wien, 2. Aufl. 2006, 170.

> für uns sorget, das uns kein leid widderfare. [...] Hieraus will sich nu selbs schliessen und folgen: weil uns das alles, so wir vermügen [besitzen], dazu was ym hymel und erden ist, teglich von Gott gegeben, erhalten und bewaret wird, so sind wir ia schüldig yhn darümb on unterlas zu lieben, loben und dancken.[23]

Es spricht nichts dagegen, *Nun preiset alle Gottes Barmherzigkeit* auch künftig als Erntedanklied zu singen, es spricht aber auch viel dafür, es nicht bei diesem Anlass zu belassen.

BARBARA LANGE

Die Epoche, in der das Lied entstand, wird in der Musikgeschichte auch als Generalbasszeitalter bezeichnet. Das heißt, dass bei der Erfindung einer Melodie gleich eine Bassstimme und die zugehörigen Harmonien mitgedacht wurden. Deshalb sei hier im ersten Notenbeispiel die Originalgestalt der Melodie, so wie sie 1644 im Druck erschien, mitgeteilt:[24]

Die dazugehörigen Harmonietöne wurden in der Barockzeit meistens durch eine Bezifferung angegeben (s. unten das zweite Notenbeispiel); bei einfachen

[23] WA 30,1, 184.

[24] Der Satz wurde um einen Ganzton tiefer nach F-Dur in die Tonart des EG transponiert und die Notenwerte um der besseren Vergleichbarkeit willen im Verhältnis 1:4 verkürzt, die Taktvorschrift lautet ¢3.

Sätzen konnte man darauf verzichten, weil die Musiker allein aufgrund der Basstöne wussten, welche Akkorde sie zu spielen hatten.

Die in das Notenbeispiel eingetragenen Klammern und Buchstaben verdeutlichen den formalen Aufbau der Melodiestimme. Sie folgt einem verbreiteten Modell, dem sogenannten achttaktigen musikalischen Satz, der hier um eine Schlussphrase (d') erweitert ist: Phrase (a+b), variierte Phrasenwiederholung (a'+b') mit Halbschluss auf der Dominante, es folgt eine Phrase in doppelter Länge mit vorwärtsstrebendem, entwickelndem Charakter und einem Ganzschluss auf der Tonika (c+d). Der kleingliedrige erste Melodieteil entspricht den Kurzversen des Textes, die längeren Phrasen den Langzeilen der Poesie.

Die zwischen den Notenzeilen eingetragenen Klammern zeigen, dass die Melodie aus mehreren immer wieder von verschiedenen Tonstufen aus wiederholten Partikeln besteht (Motive x, y und z). Insbesondere die zahlreichen Tonrepetitionen an den Zeilenanfängen wirken buchstäblich etwas monoton. Leicht bekommt das Singen hier auch etwas Gehetztes, weil gliedernde Ruhepunkte, also Zäsuren zum Nachatmen nach längeren Notenwerten fehlen.[25] Erst in Abschnitt c – in der EG-Fassung der erste wirkliche Sechsvierteltakt – kommt nach den vielen, quasi daktylischen Dreiviertelrezitationen ein gesanglicher Melodiebogen.

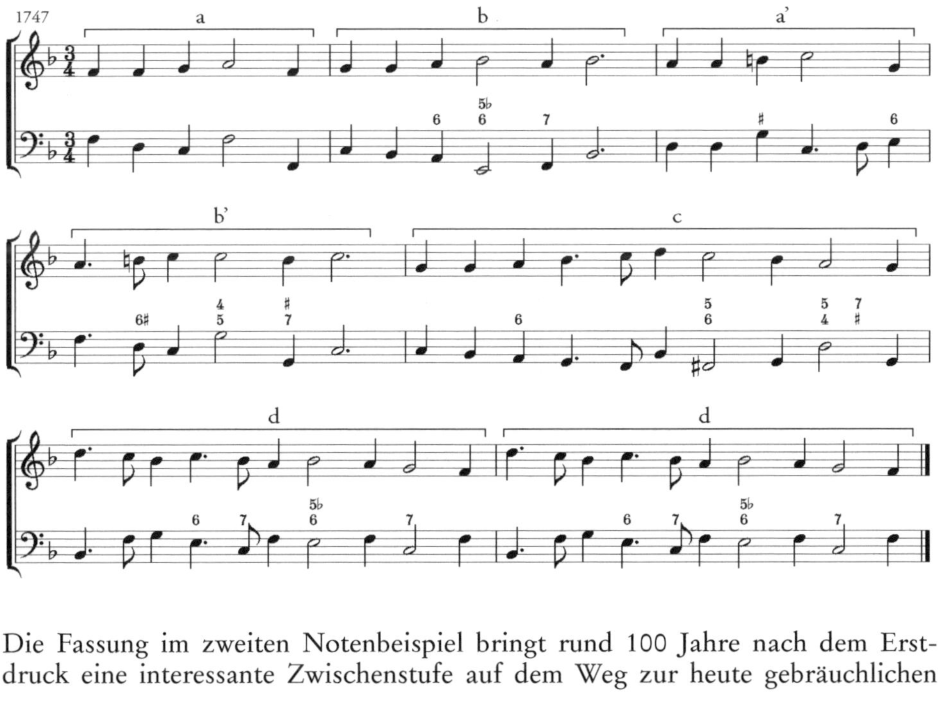

Die Fassung im zweiten Notenbeispiel bringt rund 100 Jahre nach dem Erstdruck eine interessante Zwischenstufe auf dem Weg zur heute gebräuchlichen

[25] Versuche mit Fermaten auf den Endtönen der Zeilen 2 und 4 (Teile b und b') und damit auf unbetonten Taktzeiten in manchen früheren Gesangbüchern waren unbefriedigend und konnten sich nicht durchsetzen.

Melodie.[26] Der bedeutendste Unterschied zur Urform besteht zweifellos in der notengetreuen Wiederholung des letzten Teils d anstelle von d'. Außerdem ist durch die zeitliche Ausweitung der Zeilen b und b' (9 statt 4 Viertel) zwar die formale Symmetrie etwas gestört, dafür gewinnt dieser Abschnitt an Sanglichkeit. Die Generalbassbezifferung zeigt zudem allen musikalisch Geschulten die veränderten Gewohnheiten der Harmonisierung einer Melodie in der Mitte des 18. Jh. durch die mehrfache Verwendung von Septakkorden (und deren Umkehrungen). Diese Version entspricht im Wesentlichen auch jener, die Johann Sebastian Bach seinem vierstimmigem Choralsatz (BWV 391) zugrunde legte.

Seit dem „Anhang an das Gothaische Cantional" von 1726[27] existierte mehr als ein Jahrhundert lang mit demselben melodischen Material neben der tripeltaktigen eine geradtaktige Fassung, die nur in der Schlusszeile (die nicht wiederholt wurde) in den Dreiertakt wechselte. Im Lauf des 19. Jh. setzte sich dann zeitgleich mit einem Wandel des historischen Bewusstseins mehr und mehr eine an der Originalgestalt orientierte Fassung im Dreivierteltakt durch. Einem 1839 in Erlangen erschienenen Gesangbuch scheint dabei eine gewisse Schlüsselrolle zuzukommen:[28] „CXVII Geistliche Melodien meist aus dem 16. und 17. Jahrh. in ihren ursprünglichen Rhythmen zweistimmig gesetzt von Dr. Friedr. Layriz". Bei Layriz findet sich mit einigen kleineren rhythmischen Abweichungen die heutige Fassung vorgebildet, wenngleich noch ohne die Wiederholung der Schlusszeile und mit Fermaten auf den Schlusstönen der ersten vier Zeilen. Kurz darauf erschien im sogenannten „Eisenacher Entwurf"[29] eine Melodiegestalt, bei der wie heute bei der wiederholten Schlusszeile die vorletzte Note zu einer punktierten Halbenote gedehnt ist. Man kann das als vereinfachte Variante der kleinen Wechseltongruppe in der Fassung von 1644 auffassen (Motiv z' im ersten Notenbeispiel). Durch das Fehlen von vier der acht punktierten Rhythmen (im Vergleich zum EG und der Urform von 1644) wirkt die Melodie so jedoch weniger lebendig.

Während die Gesangbuchredaktion des RG in der Schweiz Matthäus Apelles von Löwensterns ursprüngliche Melodiegestalt und auch seinen Satz aufnahmen, entschied man sich in Deutschland, die über mehrere Generationen hinweg vertraut gewordene „Kombifassung" für das EG beizubehalten, d. h. Wiederholung des Schlussteils (d) wie 1747 aber mit dem Anfangsteil von 1644 (von a bis b') und der punktierten Halbenote kurz vor Schluss aus der Fassung von 1854.

Helmut Lauterwasser

26 DKL 1747[10], S. 97 (Nr. 303), hier wiedergegeben mit halbierten Notenwerten.

27 DKL 1726[04].

28 Vgl. Z II,4089b Anmerkung.

29 Deutsches evangelisches Kirchen-Gesangbuch in 150 Kernliedern, Stuttgart und Augsburg 1854 („Eisenacher Entwurf").

531 Noch kann ich es nicht fassen

Text

Verfasser: Caritas (Pseud., Berta Bethge?) **Entstehung** vor 1898 (s. Kommentar) **Quelle** *Gesangbuch für die Evangelische Kirche A.B. in den siebenbürgischen Landesteilen*, Hermannstadt 1898 **Strophenbau** A7/3a- A6/3b, A7/3a- A6/3b, A7/3c- A6/3d A7/3c- A6/3d vgl. Frank 8.7 ‚Hildebrandston' **Abweichungen** s. Kommentar **Verbindung TM** in der Q ohne N, aber mit Melodieverweis: *Befiehl du deine Wege* – das ist die jüngere Form von *O Haupt voll Blut und Wunden*, also EG 85[II]

Melodie

s. *O Haupt voll Blut und Wunden* (EG 85)

Literatur

ThustB, 436 ** GIERING, Achim: Seelsorge. Text und Melodie EG 531, Chl 47 (**1994**) 463–465 * GIERING, Achim: Kirchenlied und Kirchengesang in Nachbarländern Deutschlands. Osteuropa, WEG VI (**2000**) 40–45.44f

Noch kann ich es nicht fassen erscheint als Kirchenlied zum ersten Mal im „Gesangbuch für die Evangelische Kirche A. B. in den siebenbürgischen Landesteilen Ungarns", Hermannstadt 1898.

Siebenbürgischer Mentalität entsprechend, so die landsmannschaftliche Selbsteinschätzung durch den Hymnologen Christian Weiss, mag der wehmütige Ton sein, der auch manchen siebenbürgischen Volksliedern eigen ist.[1] Gegenwärtig erklingt das Lied gelegentlich unter Siebenbürgern in Rumänien und Deutschland, wenn es beim Begräbnis als Alternative zu den gängigeren Liedern *Wenn ich einmal soll scheiden* oder *Jesus, meine Zuversicht* gesungen wird.[2] Achim Giering vermutet, dass das Lied in den Jahrzehnten der Bedrückung für die Kirche Augsburgischen Bekenntnisses in Rumänien nach dem Zweiten Weltkrieg, als die Möglichkeit des Sterbens der Kirche nicht ausgeschlossen war, der gemeindlichen Selbstvergewisserung – *doch will ich dich nicht lassen,/ wie auch mein Auge weint* – und Verankerung beim *Arzt der Seelenwunden* (zur Quelle der Formulierung unten) gedient hat.[3]

Aber vermutlich liegt der Entstehungsort des Textes an der Elbe und ist die Verfasserin die Magdeburger Autorin Berta Bethge (1829–1905),[4] die unter dem

[1] Mdl. gegenüber der Verfasserin am 30.9.2011. Die Ausführungen hier basieren auf EG-Unterlagen und seinen Recherchen dazu. Ihm, dem Zentralarchiv der Evangelischen Kirche A. B. in Sibiu/Hermannstadt und anderen dankt die Verf.

[2] Auskunft von Chr. Weiss (s. o.), Musikwart Prof. Kurt Philippi (27.03.2012) und Birgit Hamrich (20.03.2012).

[3] Vgl. Giering, 1994, 463, und 2000, 44f.

[4] S. u. a. Franz Brümmer, Lexikon der deutschen Dichter und Prosaisten vom Beginn des 19. Jahr-

Pseudonym Caritas Ende des 19. Jh. vor allem religiöse historische Romane publizierte.[5] Folgende Befunde stützen diese Vermutung:

In den Unterlagen zur EG-Entstehung ist in Mitteilungen von Pfarrer Christian Weiss an die EG-Bearbeiter durch maschinenschriftliche Transkription als Quelle des ursprünglich fünfstrophigen Liedes aus dem Material des Hermannstädter Gesangbuchs von 1898 ein Zeitschriftenabdruck überliefert, der mit der Verfasserangabe „Caritas“ versehen ist. Titel und Erscheinungsvermerk der deutschen kirchlichen Zeitschrift fehlen.[6] Dass der Zeitungsausschnitt aus der Zeit der Redaktion des siebenbürgischen Gesangbuches von 1898 und aus dem Wirkungsraum von Berta Bethge stammen könnte, gewinnt eine gewisse Plausibilität aus dem Synodenbeschluss, nach dem das Gesangbuch einen Anteil von mindestens 50 in den vorigen Gesangbüchern nicht enthaltenen Liedern haben sollte. Die Grundsätze der Reform beinhalteten auch eine „Annäherung hauptsächlich an die mitteldeutschen Landeskirchen (Thüringen)“.[7]

Die früheste greifbare Fassung kann bei der Interpretation der heute im EG enthaltenen Strophen helfen. Deshalb werden die nicht mehr enthaltenen ursprünglichen Strophen 2 und 3 hier mitgeteilt. (Sie fehlen seit der Fassung im Nachfolger des Gesangbuches von 1898, dem „Gesangbuch der Evangelischen Kirche Augsburgischen Bekenntnisses in der Sozialistischen Republik Rumänien“, Sibiu 1974/1979ff, bzw. „Evangelisches Gesangbuch der Evangelischen Kirche Augsburgischen Bekenntnisses in der Sozialistischen Republik Rumänien“, Sibiu 1985. Diese Fassung ist im EG übernommen.)

2. Ob dann der Trübsal Wogen
bis an die Seele geh'n,
ich seh' den Friedensbogen
schon über'm Wetter steh'n;
und in den schwersten Stunden
kommt deiner Gnade Schein,
o Arzt der Seelenwunden,
ins kranke Herz hinein.

hunderts bis zur Gegenwart, 1. Bd., 6., völlig neubearbeitete und vermehrte Auflage, Leipzig 1913, 217.

[5] Die Erzählungen mit Bezug auf Magdeburg konstruieren oft ahistorisch eine protestantische Entwicklungslinie. Unter ihnen ist ein Werk, das trotz des breit ausgeführten Motivs des edlen, weisen Juden starke antisemitische Vorurteile tradiert: Caritas (d. i. Berta Bethge), Ruth. Erzählung aus Erzbischof Otto's Zeiten, Halle 1885.

[6] Im Jahr 2012 ließ sich im Nationalarchiv in Sibiu/Hermannstadt der Ordner mit dem Material zu dem Siebenbürgischen Gesangbuch von 1898 nicht mehr auffinden. Versuche, die Quelle durch Durchsicht in Frage kommender Jahrgänge kirchlicher Blätter aufzufinden, waren bisher nicht erfolgreich. Der Verbleib des Nachlasses von Berta Bethge mit einem eventuellen Manuskript oder Belegexemplar des Abdruckes ließ sich nicht klären.

[7] Zit. bei Friedrich Kramer, Das alte und das neue Gesangbuch, in: Anregungen zur Neubelebung unseres ev. Gemeinde-Gottesdienstes. Vier Vorträge, Hermannstadt 1900, 97ff, hier 110. Magdeburg oder Dresden, wo Berta Bethge starb, liegen zwar nicht in Thüringen, aber im mitteldeutschen Raum.

3. Drum heb die Glaubenshände
zu dir, mein Gott, ich auf:
du gibst vollkomm'ne Spende,
o richte meinen Lauf.
Dass ich auf Erden walle
zu deines Namens Ehr,
aus meinem Mund erschalle
dein Lob je mehr und mehr.

Der Text des Gedichtes ist, auch in den übrigen Strophen, im Gesangbuch 1898 geringfügig redigiert, möglicherweise von Bischof Friedrich Müller (1828–1915), der das Buch wesentlich konzipiert hat.[8]

Durch die Reduzierung auf drei Strophen in den Gesangbüchern seit 1974 wird ein Lied über einen Lebensweg, der Leiden einschließt, stärker auf Sterben und Ewigkeit ausgerichtet. In Siebenbürgen war es zunächst der Rubrik „Vom christlichen Leben. Vertrauen zu Gott und Christus – Kreuz- und Trostlieder" zugeordnet, während wir es heute im EG unter „Sterben und ewiges Leben" finden. Auch im heutigen „Ev. Gesangbuch der Evangelischen Kirche Augsburgischen Bekenntnisses in [...] Rumänien" ist es im Abschnitt „Tod und Ewigkeit" des Teils „Gottes Treue und Gottvertrauen" eingeordnet und wird, wie mitgeteilt, entsprechend verwendet.

Für erschütternde Lebenssituationen, wie sie die Eingangszeilen aufrufen, steht ein Lied bereit, das auf das Repertoire der Tradition zurückgreift. Das passt zum Verfahren der Krisenbewältigung, die sich an früheren heilsamen Lebenserfahrungen festhält. Das Bild des geführten Lebensweges – *dass mit dir ich lebe* (Str. 2) und auch: *du richtest meinen Lauf./ Drum gib, dass ich hier walle* (ursprüngliche Str. 3) – ist für siebenbürgische Christen umso deutlicher aufgeschienen, als sie gewohnt waren, auch *Befiehl du deine Wege* auf die diesem Lied zugewiesene Melodie *O Haupt voll Blut und Wunden* zu singen.[9] Der Herausgeber des Choralbuchs zum Gesangbuch von 1898, Jan L. Bella, argumentiert explizit, dass „symbolisch" die Inhalte des Liedes mitschwingen, wenn ein anderer Text auf die Melodie *Befiehl du deine Wege* gesungen werde, und verweist dafür auf die ursprüngliche 3. Strophe von *Noch kann ich es nicht fassen.*[10]

[8] S. Heinz Galter, Das erste Landeskirchliche Gesangbuch unserer Kirche und seine Auflagen, in: Christoph Klein und Hermann Pitters (Hg.), Ordnung und Verantwortung. FS zum 80. Geburtstag von Bischof D. Albert Klein, Sibiu – Hermannstadt 1996, 162–177, hier 164, und Ludwig Binder, Friedrich Müller d. Ä. 1893–1906, in: Ludwig Binder und Josef Scheerer, Die Bischöfe der Evangelischen Kirche A. B. in Siebenbürgen, II. Teil: Die Bischöfe der Jahre 1867–1969, Köln/Wien 1980, 39–64, hier 61–63. Das Gesangbuch war eine bewusste und deutliche Neukonzeption, jedoch kein radikaler Bruch gegenüber dem aufklärerischen Vorgänger. Vgl. auch Müllers Erinnerungen Hermannstadt/Sibiu, Zentralarchiv der Evangelischen Kirche Augsburgischen Bekenntnisses in Rumänien (ZAEKR) Bestand 509, Signatur 8, Pag. 3.

[9] Der Melodiename (eigtl. *Herzlich tut mich verlangen*) lautete in Siebenbürgen häufig sogar *Befiehl du deine Wege*, s. J[an] L[evoslav] Bella, Ob die Lieder des neuen Gesangbuchs mit ihren Melodien dem Charakter der kirchlichen Festzeiten entsprechen? Schluß, Kirchliche Blätter, Hermannstadt 1899, Nr. 31, 242–244.

[10] J. L. Bella, Ob die Lieder des neuen Gesangbuchs mit ihren Melodien dem Charakter der

In jeder Strophe wird Jesus angeredet: *Mein Herr und Gott, Herr Jesu Christ, o Gottessohn*[11], ab Str. 2 ganz eindeutig in der Form des Gebetsimperativs. Die letzte Strophe des Liedes erinnert mit *Zuletzt lass mich auch scheiden, mit dir* und *mein Gott, verlass mich nicht!* besonders stark an O *Haupt voll Blut und Wunden* (EG 85,9).

Dass die Metapher der Gnadensonne in Str. 2 von Johann Heermann (EG 111,2) und Paul Gerhardt (EG 58,11) her vertraut ist, hat Achim Giering bereits ausgeführt.[12] In den älteren Liedern scheint die Gnadensonne konkreter im irdischen Leben, während sie hier für das zukünftige erhofft wird.

In der zweiten Strophe werden eine Reihe weiterer Frömmigkeitsaspekte der Sonnenmetapher aufgerufen. In Str. 6 von Tersteegens *Gott ist gegenwärtig* (EG 165) will das lyrische Ich die Strahlen des göttlichen Lichtes wirken lassen, wie die Blumen der Sonne stille halten, um sich zu entfalten. Auch in EG 531,2 will das Ich nur dem göttlichen Willen entsprechen und mit Christus vereint sein, nachdem es bereits in Str. 1 hieß: *Auf deine Liebe trauen / will ich, mein Herr und Gott,/ und gläubig aufwärts schauen.* Wie die Sonne Christus zum Leben erquickt,[13] so schlägt *Noch kann ich es nicht fassen* einen Bogen vom *Leid*, das in der *Gnadensonne zur ewgen Freud* wird.

Weitere Elemente des Liedes sind ebenfalls bereits früher verwendet, in einem streckenweise ähnlichen Gesamttenor. In Henriette Catharina von Gersdorfs Psalmaufnahme *Befiehl dem Herren deine Wege* kommen wörtlich die *Schickung* und das *nicht kann fassen* vor.[14] Gemeinsam ist beiden Liedern die Anpassung des eigenen an den göttlichen Willen. EG 531 bittet, *dass ich nach dem nur strebe,/ was gut und heilsam ist.* (Hier nimmt die Textredaktion für die Gesangbücher mit der Ersetzung von *fein und lieblich* die ausgelassene Arztmetapher aus der ursprünglichen Str. 2 auf.) Weitere inhaltliche Parallelen zum pietistischen Gedicht C. von Gersdorfs sind in den Strophen aufweisbar, die in EG 531 ausgelassen sind. *Befiehl dem Herren deine Wege* ist in vorweggenommener Rückschau der Güte des göttlichen Weges tendenziell gewisser als *Noch kann ich es nicht fassen*, das stärker an sie appelliert, z. B. *Lass auch in allem Leide / mit dir mich sein vereint.*

kirchlichen Festzeiten entsprechen? Endes des Schlusses, Kirchliche Blätter, Herrmannstadt 1899, Nr. 32, 250–254, bes. 251.

[11] Ursprünglich gilt das für alle Gottesanreden im 5-strophigen Text. Die älteste Gesangbuchfassung von 1898 setzt in Str. 3 *Vater* statt *Gott.*

[12] Vgl. Giering 1994.

[13] Hans-Georg Kemper, Vielsinnige ‚Blumen'-Lese. Zum literarhistorischen Standort Gerhard Tersteegens, in: Pietismus und Neuzeit. Ein Jahrbuch zur Geschichte des neueren Protestantismus, Bd. 19, Göttingen 1993, 117–142. Kemper sieht (im Anschluss an Hansgünter Ludewig, Gebet und Gotteserfahrung bei Gerhard Tersteegen, Göttingen 1986) in der angeführten Str. 6 von *Gott ist gegenwärtig* die Gnadensonne. Am Titelkupfer der Tersteegenschen Gedichtsammlung erläutert Kemper das Bild der Sonne Christus, die im Pflanzgarten und mit Sonnenpflanzen zum Leben erquickt.

[14] Henriette Catharina von Gersdorf, Lieder und Poetische Betrachtungen, Halle 1729, 122–124. Als Kirchenlied z. B. im „Neuvermehrten Weimarischen Gesang=Buch", Weimar 1762, Nr. 806, mit der Melodie *Wer nur den lieben Gott lässt walten.*

Die vermutliche Autorschaft einer Frau am Ende des 19. Jh. rückt das Lied in die Nähe zu zwei anderen, ungleich bekannteren Liedern, bei deren Autorinnen sich biografische Parallelen zu Berta Bethge ziehen lassen: *So nimm denn meine Hände* und *Weiß ich den Weg auch nicht, du weißt ihn wohl.* Beide greifen ebenfalls auf die Vorstellung zurück, in einer orientierungslosen Lage geführt zu werden: *blind; führst mich doch zum Ziele / auch durch die Nacht* bei Julie Hausmann (EG 376,2.3) und *Du weißt, woher der Wind so stürmisch weht,/ du weißt den Weg, das ist genug* bei Hedwig von Redern (EG RWL 650,3)[15]. *Noch kann ich es nicht fassen* bleibt jedoch erheblich aktiver. Schon die Eingangsstrophe zeigt das: Eine nicht begreifliche, leidvolle Notsituation wird zwar als von Gott mit Sinn versehen interpretiert, ja sogar als von ihm kommend verstanden. Aber es ist kein bloßes Ergeben, wenn das lyrische Ich an der Überzeugung eines liebenden Gottes festhält. *Noch kann ich es nicht fassen,/ was deine Schickung meint,/ doch will ich dich nicht lassen* – da hört man Jakob mit: *Ich lasse dich nicht, du segnest mich denn* (1. Mose 32,27). Es ist ein entschiedener, beinahe trotziger Akt: *Auf deine Liebe trauen / will ich, mein Herr und Gott.*

Die starke Intertextualität des Liedes könnte wie eine bloße Zusammensetzung traditioneller Versatzstücke wirken. Doch einige poetische Verfahren geben EG 531 eine gewisse Eigenheit. Es wird eine Fülle von Bildern und Tönen in Anspruch genommen, die mehr anklingen lassen, als explizit ausgesagt werden kann. Im konkreten Text jedoch herrscht Sparsamkeit: Beschränkung der Wortfelder und Bildkreise, eine Verdichtung auch im Lautmaterial, Reduktion von Komplexität auf Oppositionspaare und die Konzentration auf eine starke Ich-du-Dichotomie.

Die Oppositionspaare sind etwa Schickung – Liebe, Herzensnot – heilsam, lebe – scheiden, Leide – Freude bzw. Erdenglück und Leiden, führen – verlassen. (Dadurch, dass *verlassen* negiert ist, wird aus dem Oppositionspaar eine besonders enge Koppelung: An das Geführt-Werden bindet sich ein Nicht-Verlassen.)

Die Metaphorik ist die des Auges und Schauens und die damit verwandte des Scheines, des Lichtes und der Sonne. Mit der *Lebenssonne* wird noch einmal die Erinnerung an Paul Gerhardt, hier an den intensiven Trostvers *Ich lag in tiefster Todesnacht* (EG 37,3), aufgerufen.

Die Aufwärtsbewegung, die in der vorletzten Zeile der ersten Strophe angesprochen ist (*gläubig aufwärts schauen*, vgl. Ps 121,1), ist in den weiteren durchgehalten: in Str. 2 im *strebe*, in Str. 3 mit dem Führen *zum Himmelsthron.* (Letzteres ist ein Ergebnis der redaktionellen Bearbeitung für das Gesangbuch von 1898.)

Im Wortklang lässt sich, besonders durch die vielen Wörter mit meist inlau-

[15] Die Str. 3 der Ursprungsfassung kann an mehreren Stellen mit Str. 2 von EG RWLR 650 parallelisiert werden: *Du weißt den Weg ja doch [...] Ich preise dich für deiner Liebe Macht,/ ich rühm die Gnade, die mir Heil gebracht* zu *o richte meinen Lauf, dass ich auf Erden walle / zu deines Namens Ehr, aus meinem Mund erschalle / dein Lob je mehr und mehr.*

tendem „i", ein merkliches Übergewicht der hellen über die dunklen Vokale vernehmen. (Durchgezählt herrscht ein Verhältnis von 3 zu 2. In *Befiehl du deine Wege* mit vergleichbarer inhaltlicher Ausrichtung beträgt es nur 5 zu 4.) Dass die Hoffnung auf das Ende bei den *Seligen im Licht* (vgl. Offb 21,24) die *Herzensnot* überwiegt, wird so lautmalerisch abgebildet.

Die „i"-Fülle kommt wesentlich durch die Häufung der Pronominalformen „ich", „mir" und „mich" zustande. In diesem Lied werden ich und du – Gott – ungewöhnlich regelmäßig einander gegenübergestellt: Listet man die Zeilen auf, springt es ins Auge:

1. Strophe: ich / deine / ich dich / mein / deine / ich mein Herr und Gott / – / meiner
2. Strophe: dir ich / mein Herr Jesu Christ / ich / – / – / dir mich / mir / –
3. Strophe: mich / dir, o Gottessohn / – / mich / mich / – / meine / mein Gott, mich.

Nimmt man noch die Imperative, die sich implizit an ein Du richten, hinzu, kommen sechs weitere Du-Anreden hinzu. Damit wäre ein Gleichgewicht von Ich- und Du- bzw. Gott-Nennungen (je 16) gewahrt.

Es wird im Lied ein Dreischritt vollzogen: Das fassungslos Gott gegenüberstehende Ich der ersten Strophe kommt zum Leben mit ihm, vereint bis zum Sterben (2. Str., vgl. Phil 1,21), und endet in der letzten Zeile bei Gott. Das Nicht-Fassen des Ichs der ersten Liedzeile hat eine reimähnliche Korrespondenz in Gottes Nicht-Verlassen der letzten Zeile.

Die Redeform bleibt allerdings im Gebetsimperativ bis zum Schluss: *Mein Gott, verlass mich nicht!* Es kommt nicht zur Selbstaufgabe. Im Appell – fast Psalm 22,2 umkehrend – will das Ich erreichen, dass (der selig machende) Gott da bleibt (existiert), denn es will ihn *nicht lassen* (vgl. EG 365,1).

Diese oszillierende Form könnte auch heutigen Menschen ermöglichen, das Lied für sich zu adaptieren. Die Sprechhaltung erwächst aus dem Selbstbild autonomer Gestaltungsmacht. Das Lied ruft Grenzerfahrungen auf, die Menschen gerade in solcher Sicherheit und Selbstbestimmtheit erschüttern, und hält in den konventionell geprägten Formulierungen Worte bereit, die sonst fehlen.

ELISABETH FILLMANN